职业教育提质培优人文素养系列丛书

诵读，伴思想航船远行

（第四册）

贾　伟　张兵营　姚丽霞　主　编

中国商业出版社

图书在版编目（CIP）数据

诵读，伴思想航船远行. 第四册 / 贾伟，张兵营，姚丽霞主编. -- 北京 : 中国商业出版社，2023.8
（职业教育提质培优人文素养系列丛书）
ISBN 978-7-5208-2543-6

Ⅰ. ①诵… Ⅱ. ①贾… ②张… ③姚… Ⅲ. ①人文素质教育 – 职业教育 – 教材 Ⅳ. ①G40-012

中国国家版本馆CIP数据核字（2023）第130196号

责任编辑：管明林

中国商业出版社出版发行
（www.zgsycb.com 100053 北京广安门内报国寺1号）
总编室：010-63180647 编辑室：010-83114579
发行部：010-83120835/8286
新华书店经销
句容市排印厂印刷

*

787毫米×1092毫米 16开 12印张 238千字
2023年8月第1版 2023年8月第1次印刷
定价：39.80元

****

（如有印装质量问题可更换）

职业教育提质培优人文素养系列丛书
诵读，伴思想航船远行

编写指导委员会

诵/读/伴/思/想/航/船/远/行

PREFACE 前言

百川归海不是终结，每一滴水都会不自觉地向大海深处奔涌荡漾，伴着稻麦香、虫鸟声，带着山的呼唤、河的嘱托。文学撷英是一种自觉的启程。从古今中外优秀作品汇聚而成的文学海洋中采撷精粹，是为了再出发。这些精粹植根于关爱生命的人格基座，闪耀着文化感受的灵气浪花，在思接千载、视通万里的时空中跳动，引领思想航船向着未来远行。

历经千百年洗礼，优秀经典款款走近。相伴而来的，是先行者的美德和智慧，浓缩了辽阔的空间和漫长的时间，把早已飘散的生命信号传递给后来者。诵读经典，不啻一次次与历代贤达的思想交流，更是一场场高贵精神的播洒和传扬。

中职教育的目标是把学生培养成为“具有综合职业能力，在生产、服务、技术和管理第一线工作的高素质劳动者和初级专门人才”，在教学组织上有较强的专业针对性和实用性。中职教育的本质是培养德智体美劳全面发展的社会主义建设者和接班人，思想道德教育的首要地位不能动摇，人文素养教育亟待加强。利用晨读时间开展诵读活动无疑是思想道德教育和人文素养教育的有效举措。

第一，诵读经典有助于正确的世界观、人生观和价值观的形成。中职阶段的学生是未成年人，正处在“三观”形成的最佳时期，好书、好文章的浸润正当其时。

第二，诵读经典有助于学生健全人格，研习礼仪，端正行为，固化伦理道德，提高感悟能力和审美能力。

第三，诵读经典有助于校园文化、专业文化建设，构建和谐校园，引领精神文明建设，为社会培养品学兼优的高技能人才。

第四，诵读经典有助于终身学习能力的培养。学习能力从职业教育向后续更广阔的终身教育阶段迁移顺理成章。经典中包含的思考和表达元素正是走出校园、适应社会并实现人生发展的基本要素。

诵读是阅读的一种方式，通过眼、口、耳多种感官直达于心。经典的美好会潜移默化地在诵读者心里生根发芽，变成他对生活品质的要求，不管他在哪里，从事什么职业，这种美好都会伴随终生。

本丛书是基于中职学生学情而选编的适用于晨读或课外阅读的人文素养读本。选文立足中华文化经典，兼顾其他民族优秀作品，古今并蓄，题材广泛，文体多样，篇幅适中，文质兼美，诵读性强，既注重传统文化内涵，又体现当今时代精神。目的在于引导学生通过阅读经典文学作品，初步学会赏析各类文学作品，从而领悟传统文化特别是中国传统文化精神，提升人文素养。

丛书共四册，书名统一为《诵读，伴思想航船远行》，以第一册、第二册、第三册、第四册为标识。定性为职业院校读本，各板块主题起始于“德”，落脚在“职”，依次为“大道至简　德行天下”“方圆相宜　行稳致远”“致福成义　礼达四方”“业道酬精　职场赢家”，四册一以贯之。依据学期时序和学生认知发展规律，思想性逐册提升。

各单元编写体例，依次为诵读主体、知人论世、阅读鉴赏、思考寄语四个部分，即诵读作品，了解作者或作品背景，阅读赏鉴旨要，提炼思想精华并予寄语。

本丛书由江苏省如皋第一中等专业学校（技工学校）、江苏省邳州中等专业学校、江苏省丹阳中等专业学校、江苏省扬中中等专业学校、江苏省张家港中等专业学校、江苏省靖江中等专业学校、江苏省淮海技师学院、江苏省赣榆中等专业学校、镇江高等职业技术学校和江苏省句容中等专业学校（排名不分先后）共10所学校联合编撰。具体分工如下。

第一册：主编为张伟斌（镇江高等职业技术学校）、奚必政（江苏省扬中中等专业学校）、赵建康（江苏省句容中等专业学校）；副主编为周海燕（江苏省邳州中等专业学校）、邵扣宗（江苏省靖江中等专业学校）、吴玲玲（江苏省如皋第一中等专业学校）、姜海洋（江苏省张家港中等专业学校）。

第二册：主编为朱劲松（江苏省张家港中等专业学校）、臧其中（江苏省邳州中等专业学校）、曹江泉（江苏省如皋第一中等专业学校）；副主编为陈彩萍（江苏省扬中中等专业学校）、孙永斌（江苏省淮海技师学院）、陆卫仙（江苏省靖江中等专业学校）、臧翔（江苏省润州中等专业学校）。

第三册：主编为顾卫国（江苏省靖江中等专业学校）、王慈（江苏省赣榆中等专业学校）、潘俊（镇江高等职业技术学校）；副主编为刘剑（江苏省如皋第一中等专业学校）、汤祯瑞（江苏省句容中等专业学校）、占少志（江苏省丹阳中等专业学校）。

第四册：主编为贾伟（江苏省丹阳中等专业学校）、张兵营（江苏省淮海技师学院）、姚丽霞（江苏省张家港中等专业学校）；副主编为周文统（江苏省赣榆中等专业学校）、闫慧（江苏省邳州中等专业学校）、陈卉（镇江高等职业技术学校）、朱然琪（江苏城市职业学院（张家港办学点））。

参编人员（排名不分先后）：

朱灿明、康文清、李艳、薛汉成、肖杏嵘（江苏省如皋第一中等专业学校）；

孙艳、王琳婷（江苏省邳州中等专业学校）；

刘永波、陈明、张艳（江苏省丹阳中等专业学校）；

张跃（江苏省扬中中等专业学校）；

顾晓惠、徐玲（江苏省张家港中等专业学校）；

侯艳珠、徐霞（江苏省靖江中等专业学校）；

魏雪松、孙建（江苏省淮海技师学院）；

杨雪、张蕾（江苏省赣榆中等专业学校）；

于秉发、王惠、张阳雷（江苏省句容中等专业学校）；

潘志丽、项丽（镇江高等职业技术学校）。

由于编者水平有限，本丛书可能存在一些不足，欢迎广大读者提出宝贵意见。在编写过程中，直接或间接参阅、借鉴、引用了国内外大量文献资料，在此对这些文献的著作者表示诚挚感谢！

编　者

2022年3月

诵/读/伴/思/想/航/船/远/行

CONTENTS

目录

大道至简　德行天下

方圆相宜　行稳致远

致福成义　礼达四方

业道酬精　职场赢家

大道至简
德行天下

1 季氏将伐颛臾

诵读主体

季氏将伐颛臾。冉有、季路见于孔子曰："季氏将有事于颛臾。"

孔子曰："求！无乃尔是过与？夫颛臾，昔者先王以为东蒙主，且在邦域之中矣，是社稷之臣也。何以伐为？"

冉有曰："夫子欲之，吾二臣者皆不欲也。"

孔子曰："求！周任有言曰：'陈力就列，不能者止。'危而不持，颠而不扶，则将焉用彼相矣？且尔言过矣。虎兕(sì)出于柙(xiá)，龟玉毁于椟(dú)中，是谁之过与？"

冉有曰："今夫颛臾，固而近于费。今不取，后世必为子孙忧。"

孔子曰："求！君子疾夫舍曰欲之而必为之辞。丘也闻有国有家者，不患寡而患不均，不患贫而患不安。盖均无贫，和无寡，安无倾。夫如是，故远人不服，则修文德以来之。既来之，则安之。今由与求也，相夫子，远人不服，而不能来也；邦分崩离析，而不能守也：而谋动干戈于邦内。吾恐季孙之忧，不在颛臾，而在萧墙之内也。"

知人论世

孔子（公元前551—前479），名丘，字仲尼，春秋时期鲁国陬邑（今山东曲阜市）人，中国古代思想家、政治家、教育家，儒家学派创始人。孔子开创私人讲学之风，有弟子三千，其中贤人七十二。曾带领部分弟子周游列国十四年，晚年修订六经（《诗》《书》《礼》《乐》《易》《春秋》）。去世后，其弟子及再传弟子把孔子及其弟子的言行和思想记录下来，整理编成《论语》，被奉为儒家经典，是中华民族的源头性典籍之一。孔子是当时社会上最博学的学者之一，更被后世尊为孔圣人、至圣先师、大成至圣文宣王先师、万世师表等。其思想对世界有深远的影响，其人被列为“世界十大文化名人”之首。在道德修养方面，他提出立志、克己、践履躬行、内省、勇于改过等方法。他强调，“礼”为道德规范，“仁”为最高道德准则。“礼”是“仁”的形式，“仁”是“礼”的内容，有了“仁”的精神，“礼”才真正充实。《论语》全书共20篇、492章，首创语录之体，与《大学》《中庸》《孟子》并称“四书”。作为记述孔子及其门人的言行集，《论语》内容十分广泛，循循善诱的教诲之言，或简单应答，点到即止；或启发论辩，侃侃而谈；或富于变化，娓娓动人。

阅读鉴赏

季孙氏将要讨伐颛臾。冉有、季路拜见孔子说：“季孙氏要对颛臾用兵。”

孔子说：“冉有！恐怕应该责备你们吧。那颛臾，先王曾把它的国君当作主管蒙山祭祀的人，而且它地处鲁国境内，是鲁国的藩属国，为什么要讨伐它呢？”

冉有说：“季孙要这么干，我们两个做臣下的都不愿意。”

孔子说：“冉有！周任有句话说：‘能施展才能就担任那职位，不能胜任就该辞去。’如果盲人遇到危险却不去护持，颤颤巍巍将要跌倒却不去搀扶，那么何必要用辅助的人呢？况且你的话错了，老虎和犀牛从笼子里跑出，（占卜用的）龟甲和（祭祀用的）玉器在匣子里被毁坏，这是谁的过错呢？”

冉有说：“如今颛臾城墙坚固而且靠近季孙氏的封地，现在不夺取，后世一定会成为子孙们的忧虑。”

孔子说：“冉有！君子厌恶那些不肯说（自己）想要那样而偏要找借口的人。我听说无论是诸侯还是大夫，不担心财富不多，只是担心财富分配不均匀；不担忧人民贫困，只担忧境内不安定。若是财富平均，便无所谓贫穷；境内和平团结，便不会觉得人少；境内平安，国家便不会倾危。做到这样，远方的人还不归服，就再修仁义礼乐的政教来招徕他们。他们来了，就得使他们安心。如今你们两人辅佐季孙氏，远方的人不归服，因而不能使他们来归顺；国家四分五裂，因而不能保持它的稳定统一；反而策划在境内兴起干戈。我恐怕季孙氏的忧虑，不在颛臾，而是在鲁国内部。”

文章主要记录了孔子就季氏将伐颛臾这件事发表的三段议论。第一段话说明了他反对季氏攻打颛臾的理由：一是“昔者先王以为东蒙主”，即颛臾在鲁国一向有名正言顺的政治地位；二是“且在邦域之中矣”，即颛臾的地理位置本就在鲁国境内，对鲁国一向不构成威胁；三是“是社稷之臣也”，意即颛臾素来谨守君臣关系，没有攻打的理由，孔子的话体现了他治国以礼、为政以德的政治主张，反对强行霸道，诉诸武力。第二段话孔子引用周任的名言“陈力就列，不能者止”批评冉有、季路推卸责任的态度。第三段话孔子正面阐述他的政治主张。

文中的比喻句形象地表达了孔子的观点。“危而不持，颠而不扶，则将焉用彼相矣？”用盲人搀扶者的失职来比喻冉有、季路作为季氏家臣却没有尽到责任。“虎兕出于柙，龟玉毁于椟中”的比喻有双重喻义：一是将季氏比作虎兕，将颛臾比作龟玉。季氏攻打颛臾，好比虎兕跑出笼子伤人；颛臾如被攻灭，好比龟甲、玉石毁于盒中。二是将冉有、季路比作虎兕、龟玉的看守者，虎兕出柙伤人，龟玉毁于椟中，是看守者的失职。冉有、季路作为季氏家臣若不能劝谏季氏放弃武力，致使颛臾被灭，也是他们的失职。

文中有三处用了反诘句，“何以伐为？”“则将焉用彼相矣？”“是谁之过与？”反诘句的运用使句子感情色彩强烈，批驳力较强；也使肯定的答案寓于反问当中，使肯定更为有力，语气也更加含蓄，引人思索。

思考寄语

《论语》有曰：“礼之用，和为贵。”中国人讲求人与天地万物的和谐统一，修文德使百姓安居乐业，互助互爱，天下太平，人心安定，这样就达到和谐的目的。所以用“和”的理念来协调人与人之间的关系，协调各种社会矛盾，正是我国古代思想史上的一大亮点。今天，我们提出构建和谐社会的理念是与古代“和”的思想一脉相承的，是当代中国赋予“和”字新时代的内涵，是对“和”的理解和传承。

2 伯夷列传（节选）

诵读主体

伯夷、叔齐，孤竹君之二子也。父欲立叔齐。及父卒，叔齐让伯夷。伯夷曰："父命也。"遂逃去。叔齐亦不肯立而逃之。国人立其中子。于是伯夷、叔齐闻西伯昌善养老，"盍往归焉！"及至，西伯卒，武王载木主，号为文王，东伐纣。伯夷、叔齐叩马而谏曰："父死不葬，爰及干戈，可谓孝乎？以臣弑君，可谓仁乎？"左右欲兵之。太公曰："此义人也。"扶而去之。武王已平殷乱，天下宗周，而伯夷、叔齐耻之，义不食周粟，隐于首阳山，采薇而食之。及饿且死，作歌，其辞曰："登彼西山兮，采其薇矣。以暴易暴兮，不知其非矣。神农、虞、夏忽焉没兮，我安适归矣？于嗟徂兮，命之衰矣。"遂饿死于首阳山。由此观之，怨邪非邪？或曰："天道无亲，常与善人。"若伯夷、叔齐，可谓善人者非邪？积仁洁行，如此而饿死。且七十子之徒，仲尼独荐颜渊为好学。然回也屡空，糟糠不厌，而卒蚤夭。天之报施善人，其何如哉？盗跖日杀不辜，肝人之肉，暴戾恣睢，聚党数千人，横行天下，竟以寿终，是遵何德哉？此其尤大彰明较著者也。若至近世，操行不轨，专犯忌讳，而终身逸乐，富厚累世不绝。或择地而蹈之，时然后出言，行不由径，非公正不发愤，而遇祸灾者，不可胜数也。余甚惑焉，傥所谓天道，是邪非邪？

子曰："道不同，不相为谋。"亦各从其志也。故曰："富贵如可求，虽执鞭之士，吾亦为之。如不可求，从吾所好。""岁寒，然后知松柏之后凋。"举世混浊，清士乃见。岂以其重若彼，其轻若此哉？

知人论世

《伯夷列传》出自《史记》卷六十一《伯夷列传第一》，作者司马迁。该篇是伯夷和叔齐的合传，冠《史记》列传之首。在这篇列传中，作者以“考信于六艺，折衷于孔子”的史料处理原则，于大量论赞之中，夹叙了伯夷、叔齐的简短事迹。他们先是拒绝接受王位，让国出逃；武王伐纣的时候，又以仁义叩马而谏；等到天下宗周之后，又耻食周粟，采薇而食，作歌明志，于是饿死在首阳山。作者极力颂扬他们积仁洁行、清风高节的崇高品格，抒发了作者的诸多感慨。《伯夷列传》实开史家之先河，亦为本纪、世家、列传之仅有。

阅读鉴赏

伯夷、叔齐是孤竹君的两个儿子。父亲想把王位传给叔齐。到了父亲去世以后，叔齐要让位给伯夷。伯夷说：“这是父亲的遗命啊！”于是便逃走了。叔齐也不肯即位而逃走。国人只好立孤竹君的第二个儿子为王。这时，伯夷、叔齐听说西伯昌能关心老人，赡养老人，便商量着说：我们何不去投奔他呢？等到达那里，西伯已去世，武王用车载着西伯的神主，追谥为文王，率军东进去征伐商纣。伯夷、叔齐拉住武王的马而谏阻道：“父亲死了却不安葬，大动干戈去打仗，这难道是孝的行为吗？身为臣子，却要去杀害国君，这难道可以算作仁德吗？”周王左右的人准备杀掉他们，太公说：“他们是仁义的人啊！”扶着他们离开了。武王摧毁了殷商的暴虐统治，天下都归附了周朝，而伯夷、叔齐却认为这是很可耻的事，为了表示对殷商的忠义，不肯再吃周朝的粮食，隐居在首阳山，靠着采食薇菜充饥。到了由于饥饿而将死的时候，作了一首歌。歌词说：“登上那西山啊，采些那薇菜呀！用暴力来取代暴力，不知道这是错误的。神农、虞舜和夏禹，授政仁人相禅让，圣人倏忽辞世去，我辈今日向何方？啊，别啦，永别啦！命运衰薄令人哀伤！”终于饿死在首阳山。从这些记载来看，伯夷、叔齐是怨呢，还是不怨呢？

有人说：“天道并不对谁特别偏爱，但通常是帮助善良人的。”像伯夷、叔齐，总可以算作善良的人了吧！难道不是吗？他们行善积仁，修养品行，这样的好人竟然给饿死了！再说孔子的七十二位贤弟子这批人吧，仲尼特别赞扬颜渊好学。然而颜回常常为贫穷所困扰，连酒糟谷糠一类的食物都吃不饱，终于过早地去世了。上天对于好人的报偿，到底是怎样的呢？盗跖天天在屠杀无辜的人，割人肝，吃人肉，凶暴残忍，胡作非为，聚集党徒数千人横行天下，竟然能够长寿而终。他又究竟积了什么德，行了什么善呢？这几个例子是最典型、最能说明问题的。若要说到近代，那种不遵循法度、专门违法乱纪的人，反倒能终身安逸享乐，富贵优裕，一代一代地传下去；而有的人（诚如孔子教诲的那样）居住的地方要精心地加以选择；说话要待到合适的时机才启唇；走路只走大路，不抄小道；不是为了主持公正，就不表露愤懑，结果反倒遭遇灾祸。这种情形多得简直数也数不清。我深感困惑不解，倘若有所谓的天道，那么这是不是天道呢？

孔子说："志向不同的人，不互相商议谋划。"都各自按照自己的意志做事。孔子又说："富贵如果能够求得，即使要干手拿鞭子的卑贱的职务，我也愿意去干；如果不能求得，那还是按照我自己的喜好去干吧！""到了一年中最寒冷的季节，才知道松树和柏树是不会凋谢的。"世间到处混浊龌龊，那清白高洁的人就显得格外突出。难道是因为他们如此重视道德和品行，又那样鄙薄富贵与苟活吗？

伯夷、叔齐兄弟让国，充分体现了"仁"的道德标准，让国，首先就是"义"字当先，行为无比高尚；且伯夷、叔齐在商灭亡后，"耻食周粟"，抱节守志，以身殉道，宁死全仁，他们完全践行了儒家种种精神，因此得到了孔子的赞颂。但太史公却对此提出了疑问，将伯夷、叔齐善行和所谓暴戾凶残、横行天下的盗跖做比照，以操行不轨、违法犯禁的人和审慎小心、有崇高正义感的人做比照，指出恶者安逸享乐，富裕优厚，累世不绝；而善者遭遇灾祸却不可胜数，从而抒发了天道与人事相违背的现实，有力地抨击了"天道无亲，常与善人"的谎言，对天道赏善罚恶的报应论提出了大胆的怀疑。

思考寄语

人间正道是沧桑。在人类社会中，行为善恶与所得结果的祸福，经常没有一定的规则可遵循，甚至违背了我们对道德信念的认知，但君子有君子处世之道，尽管会遭遇不幸，但君子仍然需要坚持内心的正义，按照自己的理想信念行事。此外，我们更应进一步聚集善人的力量，形成一个道德文化的氛围与传统，以消除恶势力，促进社会的和谐发展。

3 怜悯是人的天性（节选）

诵读主体

当初，在自然状态中的人似乎彼此间没有任何道义上的联系，也没有什么大家公认的义务，因此，他们既不能被看作是好人，也不能被看作是恶人；他们既无邪恶之心，也无为善的美德，只有从生理意义上来理解这两个词，我们才可以把对保护自己的生存有害的品质称为邪恶，把对保护自己的生存有益的品质称为美德，而且，在后一种情况下，我们还应当把最不反抗天性的冲动的人称为最有美德的人。不过，只要我们不抛开这几个词的通常的意思，我们就最好是不要匆忙下结论，并捐弃我们的偏见，用天平来衡量一下：在文明人中是不是美德多于邪恶？他们的美德给他们带来的好处，是不是比他们的邪恶给他们带来的害处多？在他们已经知道他们应当互相为善以后，他们的知识的进步是否足够弥补他们互相造成的伤害？最后，从总的方面来衡量，让我们评判一下：是处在既不担心别人对自己作恶，也不希望别人对自己为善的境地更幸福，还是处于全面依附的地位，全盘接受那些对他们不负有任何义务的人的指挥更幸福？

我们尤其不可像霍布斯那样，因为人没有任何善的观念，便认为人天生是恶人；因为人不知道什么是美德，便认为人是邪恶的；人从来不对他的同类效劳，因为他认为他对他们没有任何义务；人自认为他有取得自己所需之物的权利，因此便以为他自己是整个宇宙的唯一的主人。诚然，霍布斯看出了现今的人们对自然的权利所作的种种解释的缺点，然而从他自己所作的解释中得出的结论就可看出，他的解释的着眼点也是错误的。既然这位作者是根据他自己提出的原则进行推理的，他的论点就应该这样来表述：我们在自然状态中对保护我们自己的生存的关心，是丝毫不妨碍他人对保护他自己的生存的关心的，因此这个状态是有利于和平的，是适合于人类的。然而他在书中所说的话却恰恰相反，因为他把为了满足许许多多欲望而产生的需要，与野蛮人为了保护自己的生存而产生的需要混为一谈了；其实，这些欲望乃是社会造成的，而且，正因为人的欲望丛生，才使法律成为必需的东西。既然霍布斯认为恶人是一个强壮的孩子，那我们就要问：野蛮人是否也是一个强壮的孩子？如果我们承认他是一个强壮的孩子，那该得出什么样的结论呢？如果这个人强壮的时候也像他柔弱的时候那样依赖他人，那么，什么过分的事他干不出来呢？他的母亲如果不及时喂他奶，他就会打她；如果他觉得他的弟弟招他讨厌，他就会掐死他；如果别人碰撞了他或打扰了他，他就会咬别人的腿。说自然状态中的人是强壮的，与说自然状态中的人需要依赖于人，这两种说法是矛盾的。人只有在处于依赖状态的时候才是柔弱的；如果他无拘无束，不依赖他人的话，他早就是很强壮的了。霍布斯没有看出：我们的法学家所说的阻碍野蛮人使用理智的原因，正好就是霍布斯本人所说的阻碍野蛮人滥用他们的官能的原因。因此，我们认为野蛮人之所以不是恶人，其原因恰恰在于他不知道什么是善，因为防止他们作恶的，既不是智慧的发达，也不是法律的约束，而是欲念的平静和对恶事的无知；他们从对恶事的无知中得到的益处，比别人从对美德的认识中得到的益处多得多。

此外，霍布斯还忽略了这样一个事实：人天生就有一种不愿意看见自己同类受苦的厌恶心理，使他不至于过于为了谋求自己的幸福而损害他人，因而可以在某种情况下克制他的强烈的自尊心，或者在自尊心产生之前克制他的自爱心。我认为这是人类唯一具有的天然的美德；这一点，就连对人类的美德大加贬抑的人也是不得不承认的，因此，我不怕任何人提出反对的意见。我认为怜悯心是我们这样柔弱和最容易遭受苦难折磨的人最应具备的禀性，是最普遍的和最有用的美德；人类在开始运用头脑思考以前就有怜悯心了；它是那样地合乎自然，甚至动物有时候也有明显的怜悯之心的表现。且不说母兽对幼兽的温情和在危险时刻不惜牺牲性命保护它们，我们经常看到，就连马也是不愿意踩着一个活着的生物的身体跑过去的。一个动物在它的同类的尸体旁边走过时，总是感到不安的；有些动物甚至还以某种方式掩埋它们死去的同类。走进屠宰场的动物发出的哀鸣，表明它们对所看到的恐怖情景是感同身受的。我们很欣慰地看到《蜜蜂的寓言》的作者已不得不承认人是一个有感情和同情心的生物。他以平淡和细致的笔调描述了一个动人的事例：一个被囚禁的人看见一头猛兽从一个母亲的怀抱里抢走了她的孩子，用尖锐的牙齿咬孩子的肢体，用爪子掏取他还在跳动的内脏。他看到的这件事情虽与他个人无关，但他心中的感受是何等悲伤啊；目睹这种情景，而自己却不能对晕过去的母亲和垂死的孩子一伸援手，他难道不难过吗？

知人论世

卢梭（1712—1778），法国思想家、哲学家、教育学家、文学家、民主政论家，浪漫主义文学流派的开创者，18世纪法国大革命时期的思想先驱，启蒙运动的代表人物之一。

1743年，卢梭在威尼斯逗留时，打算写一部关于政治制度的鸿篇巨制。1753年11月，第戎科学院在《法兰西信使报》上刊登了一则有奖征文启事。卢梭看到这则征文启事提出的题目，又惊又喜。他当时的心情，在《忏悔录》中记述甚详。他说："我记得，第戎科学院公布了一则以'论人与人之间不平等的起因'为题的征文启事。这个大题目使我深感震惊。我没有料到这个科学院竟敢提出这么一个题目。为了能静下心来从容思考这个重大的题目……我每天走进树林深处；我在林中寻找，而且终于找到了远古时候的情景。我奋笔疾书，描述当初真正的史实。我要驳斥人们胡言乱语的谎言；我要如实展现人原本的天性，充分揭露使人的天性大变其样的时代和事物演变的过程，以便使人们看到在所谓人的完善化的过程中所遭受苦难的真正原因。我的灵魂被这种高洁的沉思振奋，竟上升到了神明的境界。"这样沉思的结果，遂产生了《论人类不平等的起源和基础》这篇论文。

卢梭的社会政治哲学所追求的最高目标是人的自由和平等。他的学说对后世影响极大。他的文学创作具有鲜明的民主主义倾向；他返归自然、崇尚自我、张扬情感的思想，直接影响着19世纪欧洲浪漫主义文学，许多诗人、作家都受到他的影响，就连歌德、雨果、乔治·桑、托尔斯泰都无一例外地声称自己是卢梭的门徒。

阅读鉴赏

文章在批评霍布斯"人天生是恶人"观点的基础上，用事实指出，善是人的本性，怜悯心作为一种善，是人类最普遍和最有用的一种美德。怜悯心对于人类生活，对于调节人与人的关系具有重要意义。作者首先从自然状态中的人谈起，引出"天性"和"美德"的话题，为下文展开论述做好了准备。紧接着，作者采用分析推演和归谬论证等方法，彻底驳倒"人天生是恶人"这一与自己相左的观点。随后，采用举例论证的方法，以动物、残暴者尚有怜悯之心的事实，树立起自己的观点。作者指出，"怜悯心"有助于整个人类的互相保存，甚至在自然状态下可以"代替法律、良风美俗和道德"，软化人的心灵。

在举例论证环节，作者当然不能举出没有失去本性、感于本心的"在自然状态中的人"的例子，但作者举了"母兽对幼兽的温情""走进屠宰场的动物发出的哀鸣”等例子，以不具有人类理性和智慧的动物为例，类比说明“怜悯心”是源自人类天性的一种“善”和“美德”。尽管作者以动物为例的论证已经很具有说服力，但作者并没有放弃以人为例来进行论证，他以《蜜蜂的寓言》中的“一个被囚禁的人”为例，让读者想象和体验其“怜悯心”，即便是极其残暴的人也难以彻底泯灭的、源自人类天性的一种“善”的属性。作者巧妙地通过提问、巧设类比、精心地选择人物等方式对“怜悯就是人的天性”做了正面的论述。

思考寄语

孟子说：“恻隐之心，人皆有之。”卢梭也认为，怜悯是人的天性。在现实生活中，我们常常同情弱者，愿意伸出手帮助弱者，这是最具有普遍性和说服力的“人性本善”的明证。人类之所以能不断进步，不全是因为劳动，因为科学技术，因为都怀着追求美好生活的愿望，更是因为人类能够互爱，而互爱的前提便是人之善，我们理应沿着真善美的道路，去寻找属于自己的光明未来。

4 天演论（节选）

诵读主体

故知不变一言，决非天运。而悠久成物之理，转在变动不居之中。是当前之所见，经廿年卅年而革焉可也，更二万年三万年而革亦可也。特据前事推将来，为变方长，未知所极而已。虽然，天运变矣，而有不变者行乎其中。不变惟何？是名天演。以天演为体，而其用有二：曰物竞，曰天择。此万物莫不然，而于有生之类为尤著。物竞者，物争自存也。以一物以与物物争，或存或亡，而其效则归于大择。天择者，物争焉而独存。则其存也，必有其所以存，必其所得于天之分，自致一己之能，与其所遭值之时与地，及凡周身以外之物力，有其相谋相剂者焉。夫而后独免于亡，而足以自立也。而自其效观之，若是物特为天之所厚而择焉以存也者，夫是之谓天择。天择者，择于自然，虽择而莫之择，犹物竞之无所争，而实天下之至争也。斯宾塞尔曰："天择者，存其最宜者也。"夫物既争存矣，而天又从其争之后而择之，一争一择，而变化之事出矣。

复案：物竞、天择二义，发于英人达尔文。达著《物种由来》一书，以考论世间动植种类所以繁殊之故。先是言生理者，皆主异物分造之说。近今百年格物诸家，稍疑古说之不可通。如法人兰麻克、爵弗来，德人方拔、万俾尔，英人威里士、格兰特、斯宾塞尔、倭恩、赫胥黎，皆生学名家，先后间出，目治手营，穷探审论，知有生之物，始于同，终于异。造物立其一本，以大力运之，而万类之所以底于如是者，咸其自己而已，无所谓创造者也。然其说未大行也，至咸丰九年，达氏书出，众论翕然。自兹厥后，欧美二洲治生学者，大抵宗达氏。而矿事日辟，掘地开山，多得古禽兽遗蜕，其种已灭，为今所无。于是虫鱼禽互兽人之间，衔接迤演之物，日以渐密，而达氏之言乃愈有征。故赫胥黎谓古者以大地为静居天中，而日月星辰，拱绕周流，以地为主。自歌白尼出，乃知地本行星，系日而运。古者以人类为首出庶物，肖天而生，与万物绝异。自达尔文出，知人为天演中一境，且演且进，来者方将，而教宗抟土之说，必不可信。盖自有歌白尼而后天学明，亦自有达尔文而后生理确也。斯宾塞尔者，与达同时，亦本天演著《天人会通论》，举天、地、人、形气、心性、动植之事而一贯之，其说尤为精辟宏富。其第一书开宗明义，集格致之大成，以发明天演之旨。第二书以天演言生学。第三书以天演言性灵。第四书以天演言群理。最后第五书，乃考道德之本源，明政教之条贯，而以保种进化之公例要术终焉。呜乎！欧洲自有生民以来，无此作也。不佞近翻《群谊》书，即其第五书中之编也。斯宾氏迄今尚存，年七十有六矣。其全书于客岁始蒇事，所谓体大思精，殚毕生之力者也。达尔文生嘉庆十四年，卒于光绪八年壬午。赫胥黎于乙未夏化去，年七十也。

知人论世

本文节选自严复的译著《天演论》。

严复（1854—1921），原名宗光，字又陵，后改名复，字幾道，福建侯官县（今属福州市）人，近代极具影响力的资产阶级启蒙思想家，著名的翻译家、教育家。康有为称赞严复是“精通西学第一人”。

严复出生在福建的一个中医世家，他年少时就满怀报国之志。14岁时父亲意外染疾离世，严家随之陷入窘迫，严复也因此无法继续求学，只好放弃了科举入仕的道路。恰巧，洋务派左宗棠创办的新式学校福州船政学堂正在招考学生，不但伙食费全免，还另外每月发给四两银子补贴家用，严复欣喜过望，马上报名，并以第一名的成绩考取，由此他的人生目标也修正为做一名海军良将。光绪三年（1877），严复作为清政府首批派遣留学英法的学员，赴英国学习驾驶。在英国格林威治海军学院（后改名皇家海军学院）学习的两年半中，“考课屡列优等”，成为该校的高才生。然而，梦想“师夷长技以制夷”的严复万万没有料到，自己学成回国之后，竟然找不到用武之地。当出将入相的梦想破灭后，他在忧愤中选择了用笔墨发出自己的声音。1897年，他翻译了英国生物学家赫胥黎的《天演论》，出乎意料的是，这本译著一经出版，便很快轰动了当时的中国知识界，让他一举成名。

《天演论》译自英国生物学家赫胥黎《进化论与伦理学》一书。这是一本宣传达尔文生物进化论的通俗小册子，书的前半部分讲进化论，后半部分讲伦理学，严复选译了部分导言和讲稿的前半部分。严复翻译《天演论》不是纯粹直译，而是在阐述进化论的同时，联系中国的实际，用“物竞天择，适者生存”的事实与道理，激励中国人奋发自强，救亡图存。他旗帜鲜明地指出，人类社会也是适者生存，国人如果再夜郎自大，沾沾自喜，就必然遭到淘汰。

《天演论》出版后，深受当时社会欢迎。梁启超读到《天演论》译稿，未待其出版，便已对之加以宣传，并根据其思想做文章。康有为看了《天演论》译稿以后，也不得不承认从未见过如此之书，大赞严复为“中国西学第一者也”。青年鲁迅初读《天演论》，也爱不释手。一位本家长辈反对鲁迅看这种新书，鲁迅不理睬他，“仍然自己不觉得有什么‘不对’，一有闲空，就照例地吃侉饼，花生米，辣椒，看《天演论》”。由此可见，此书风靡之程度。

阅读鉴赏

《天演论》从翻译到正式出版，经过3年时间。这3年，即1895年至1898年，是中国近代史上很不平常的3年，甲午海战惨败、民族危机空前深重、维新运动持续高涨。这时候《天演论》出来了，“物竞天择”出来了，自然引起思想界强烈的震动。《天演论》吹响了近代中国文明嬗变的号角，“物竞天择，适者生存”的观念为许多的社会精英所接受，并把它作为救亡、维新与革命的主要思想武器。

《天演论》出版之后，不过几年，便风行全国，乃至成为中学生的读物。读这本书的人很少能了解赫胥黎在科学史和思想史上的贡献。他们能了解的只是那“优胜劣败”的公式在国际政治上的意义。在中国屡战屡败之后，在庚子、辛丑大耻辱之后，这个“优胜劣败”的公式确是一种当头棒喝，给了无数人一种极大的刺激。几年之中，这种思想像野火一样，燃烧着多少年轻人的心和血。“天演”“物竞”“淘汰”“天择”等术语都渐渐成了报纸文章的熟语，渐渐成了一批爱国志士的口头禅。还有许多人爱用这种名词做自己或儿女的名字。据统计，自1898年以后，在短短的十多年中，《天演论》就发行过三十多种不同的版本，这是当时任何其他西学书籍都不可比拟的。其之所以如此风行，除了它的思想足以警世这一主要原因以外，译笔古雅耐读也是原因之一。

思考寄语

一句话可以点醒一个人，一本书可以唤醒一个民族。不同历史时期总会有一些伟大的书籍或文章横空出世，或如指引航向的一盏明灯，或如振聋发聩的一声呐喊，让人们在混沌中豁然开朗，在黑暗中辨清道路，《天演论》对于当时的中国就起到了这样的作用。

那么请你想一想，你所知道的类似的文章或书籍还有哪些？请举出两例，写下它们的名字。

5 触龙说赵太后

诵读主体

赵太后新用事，秦急攻之。赵氏求救于齐，齐曰：“必以长安君为质，兵乃出。”太后不肯，大臣强谏。太后明谓左右：“有复言令长安君为质者，老妇必唾其面。”

左师触龙言：愿见太后。太后盛气而揖之。入而徐趋，至而自谢，曰：“老臣病足，曾不能疾走，不得见久矣，窃自恕。而恐太后玉体之有所郄也，故愿望见太后。”太后曰：“老妇恃辇而行。”曰：“日食饮得无衰乎？”曰：“恃粥耳。”曰：“老臣今者殊不欲食，乃自强步，日三四里，少益嗜食，和于身。”曰：“老妇不能。”太后之色少解。

左师公曰：“老臣贱息舒祺，最少，不肖；而臣衰，窃爱怜之。愿令补黑衣之数，以卫王宫，没死以闻。”太后曰：“敬诺。年几何矣？”对曰：“十五岁矣。虽少，愿及未填沟壑而托之。”太后曰：“丈夫亦爱怜其少子乎？”对曰：“甚于妇人。”太后曰：“妇人异甚。”对曰：“老臣窃以为媪之爱燕后贤于长安君。”曰：“君过矣！不若长安君之甚。”左师公曰：“父母之爱子，则为之计深远。媪之送燕后也，持其踵，为之泣，念悲其远也，亦哀之矣。已行，非弗思也，祭祀必祝之，祝曰：‘必勿使反。’岂非计久长，有子孙相继为王也哉？”太后曰：“然。”

左师公曰：“今三世以前，至于赵之为赵，赵王之子孙侯者，其继有在者乎？”曰：“无有。”曰：“微独赵，诸侯有在者乎？”曰：“老妇不闻也。”“此其近者祸及身，远者及其子孙。岂人主之子孙则必不善哉？位尊而无功，奉厚而无劳，而挟重器多也。今媪尊长安君之位，而封之以膏腴之地，多予之重器，而不及今令有功于国。一旦山陵崩，长安君何以自托于赵？老臣以媪为长安君计短也，故以为其爱不若燕后。”太后曰：“诺，恣君之所使之。”

于是为长安君约车百乘质于齐，齐兵乃出。

子义闻之曰："人主之子也，骨肉之亲也，犹不能恃无功之尊、无劳之奉，而守金玉之重也，而况人臣乎！"

知人论世

刘向（公元前77—前6），本名更生，字子政，沛郡丰邑（今江苏省徐州市）人。汉朝宗室大臣、文学家，经学家刘歆的父亲，中国目录学鼻祖。

以门荫入仕，起家辇郎。汉宣帝时，授谏大夫、给事中。汉元帝即位，授宗正卿。反对宦官弘恭、石显，坐罪下狱，免为庶人。汉成帝即位后，出任光禄大夫，改名为"向"，官至中垒校尉，世称刘中垒。建平元年去世，时年72岁。

曾奉命领校秘书，所撰《别录》，是我国最早的图书分类目录。今存《新序》《说苑》《列女传》《战国策》《五经通义》。编订《楚辞》，联合儿子刘歆共同编订《山海经》。散文主要是奏疏和校雠古书的"叙录"，较有名的有《谏营昌陵疏》和《战国策·叙录》，以叙事简约、理论畅达、舒缓平易为主要特色，作品收录于《刘子政集》。

阅读鉴赏

《触龙说赵太后》是《战国策》中的名篇，主要讲述了战国时期，秦国趁赵国政权交替之际，大举攻赵。在强敌压境、赵太后严厉拒谏的危急形势下，触龙因势利导，以柔克刚，说服赵太后，让她的爱子出质于齐，换取救兵，解除国家危难的故事，赞扬了触龙以国家利益为重的品质和善于做说服工作的才能。

文章开篇就描绘了一个气氛极为紧张的局面：赵君新亡，秦兵犯赵，赵求救于齐，齐要长安君做人质，爱子心切的赵太后不肯让儿子去冒这个风险，严词拒绝了大臣们的强谏，并声称"有复言令长安君为质者，老妇必唾其面"。

在这样剑拔弩张的情况下，触龙的谏说显然要困难许多。他深知要说服赵太后，就必须让她明白"父母之爱子，则为之计深远"的道理。然而，若从正面讲道理，不但无济于事，反而会自取其辱。因此，必须顺着太后溺爱长安君的心理因势利导，巧说妙谏。

在争取到面见太后的机会后，触龙先用缓冲法关切地询问太后的起居饮食，并与她谈论养生之道，使本来"盛气而揖之"、戒备心极强的太后"色少解"。这样就从感情上消除了太后的逆反心理和敌对情绪，为进谏的成功拆除了第一道屏障。紧接着，触龙用引诱法恳切地为自己的幼子舒祺请托，以期让太后产生共鸣，从而引出她的心事。果然很快就勾起了太后的爱子之情。在她看来，触龙简直算得上同病相怜的“知己”了。她不仅“笑曰”，而且饶有趣味地与触龙争论谁更疼爱幼子的问题，开始毫不掩饰地向触龙坦露心迹了，这就为下一步谈论如何爱子的话题奠定了基础。

触龙抓住契机，用旁敲侧击的激将法说太后疼爱燕后胜过长安君。这一招果然奏效，立即引发了太后的反驳：“君过矣！不若长安君之甚。”触龙千回百折，终于得到了他最想要太后说的一句话。此时，他才可以正儿八经地谈论他的爱子观了。于是他从容回顾往事，极力夸赞太后爱燕后而为之“计久长”的明智之举，以反衬出她爱长安君的“计短”。由于触龙不像其他大臣那样指责太后不该溺爱幼子，而是批评她还爱得不够，应像疼爱燕后那样疼爱长安君，才算爱得深远，所以太后听着十分顺耳，在不知不觉中已完全接受了触龙的意见。一声爽朗的“然”，就说明她已经完全接受了“父母之爱子，则为之计深远”的道理。至此，触龙的谏说已初显成效。他又不失时机地进一步剖析历代诸侯子孙未能继世为侯的教训，其原因就在于“位尊”“奉厚”“挟重器多”，却“无功”“无劳”，并以此作类比，一针见血地指出“今媪尊长安君之位，而封之以膏腴之地，多予之重器，而不及今令有功于国。一旦山陵崩，长安君何以自托于赵”，真是既痛快淋漓又字字力重千钧。触龙始终顺着太后爱子的心理，层层深入地启发引导，终于使太后深受感动，心悦诚服，慷慨应“诺”。

触龙的谏说自始至终未有一语提及“令长安君为质”，而太后情不自禁地说出“恣君之所使之”，同样没有直接说出派长安君入质于齐的话，与触龙的精彩说辞彼此配合，相映成趣。双方心照不宣，达成默契，丝毫不显尴尬。文末用“于是为长安君约车百乘质于齐，齐兵乃出”作结，使首尾圆合，结构严谨，同时也增强了故事的喜剧色彩，彰显了触龙谏说的卓著成效。

思考寄语

本文是《战国策》中写谋臣策士巧谏成功的名篇之一。其之所以能千载传诵，经久不衰，原因在于它所富有的永远感动人心的艺术魅力和发人深省的思想启迪。沟通艺术是为人处世的必修课，沟通要冷静理智、循循善诱，力避锋芒相抵；要知人知心、换位思考，力避强加于人；要通情达理、以情动人，力避过于自我。沟通是一个疏导的过程，不管这个通道弯弯曲曲有多长，要设法找到症结所在，对症下药。当然沟通得成功与否，还与沟通者的智慧和阅历有关。

6 一个中国劳工与哥伦比亚大学东亚系

诵读主体

他，出生于大清咸丰年间，没有人知道他的名字和籍贯，人们只知道他的家乡在广东。和那个年代千千万万的穷苦人家的孩子一样，他漂洋过海来到美国西部，成为一名最底层的铁路工人，每日风餐露宿，凿石开路。然而，身为华工，却不能得到最基本的保障和尊严，美国国会通过了排华法案，他和他的同胞被列为最不受欢迎的人。因为头上的辫子，他们被蔑称为“猪仔”，受尽屈辱。

一个偶然的机会，他被美国企业家卡本蒂埃聘为私人管家。他尽职尽责，深受信任。一天深夜，卡本蒂埃酒后失态，开枪驱散了所有仆人。而第二天早晨，只有他还守在一旁，并和往常一样准备好了早餐。

“对不起，昨晚是我错了……你为什么没有走？”

“先生，在我的故乡，孔夫子教导人们忠恕之道。对于工作要忠诚，对于他人要宽恕。”

“我很惭愧……你在家乡读了几年书？”

“先生，我是文盲，我的父亲和我的爷爷也是文盲，我不会写自己的名字，但我家乡的每个人都知道孔夫子的教诲。”

“告诉我，你有什么心愿？”

“先生，我毕生漂泊，没有妻子和儿女，我恳请你能帮我把我这些年攒的钱捐赠给美国最好的大学来教授中国文化。我坚信我的祖国，曾经有灿烂的文明，希望今后我的同胞能不再被当成怪物和笑话，可以堂堂正正做人。”

1901年6月底，美国哥伦比亚大学校长收到了一封来信：“仅将我五十年来的全部积蓄12000美元，捐赠贵校，用于研究和教授中国文化。”而随信附上的，还有一张支票和一张便条：“我，卡本蒂埃可以证明，此人为在美千万名华工中的普通一员，与清朝政府毫无关联。我愿意追加捐赠10万美元，并建议用这个中国人的名字来为新学院命名。”

当年秋天，哥伦比亚大学开设了汉学专业，也就是今天东亚系的前身。在这里，翻译了红楼梦的英文版；在这里，保存着张学良的日记；在这里，走出了胡适、冯友兰、马寅初、陶行知、徐志摩等一批支撑民族精神的大师。

时至今日，用他的名字命名的汉学讲座，仍然是全球研究中国问题的顶级学术殿堂。而这一切的起点，只因为一名卑微华工的一个宏大心愿——让更多的人去了解和尊重他的祖国！

当年的那封捐赠信，还保存在哥伦比亚大学的档案馆，结尾的署名是：一个中国人Dean Lung。他被后人称为——丁龙。

知人论世

丁龙，1857年生于中国广东，18岁来到美国。他是一个普通的美国华工，出身寒微，命途多舛，却天性善良，正直勇敢。他以自己优秀的人品赢得了主人的敬重。他终身未娶，却克勤克俭，积攒每一分钱，最终全部捐出，只为一个伟大的理想——这理想似乎与他的身份很难沾上边！欣慰的是，哥伦比亚大学实现了他的愿望。

被丁龙的行为感动，卡本蒂埃不仅陆续捐款将近50万美元帮助哥伦比亚大学建立了汉学系，也捐助了大量的钱财给华人聚居地加利福尼亚州的加州大学，让他们多买书籍，加强对中华文化和思想的研究。卡本蒂埃成了慈善家和教育事业的赞助人，在哥伦比亚大学的医学院和巴纳德女校，他都捐出了巨款。他还不断地追加汉学系的经费，并捐献了各种名目的奖学金。

因为丁龙，卡本蒂埃对中国有着特别的情感，他生前曾多次到广东，并向广州的博济医学堂捐款2.5万美元。博济医学堂成立于1866年，是中国最早设立的西医学府，孙中山曾在此学医和从事革命活动。

后来，清朝的最高统治者闻知此事，也深为感动。慈禧太后亲自捐赠了5 000余册珍贵图书；李鸿章和清朝驻美使臣伍廷芳等也都有所捐助。

阅读鉴赏

有时候我们感叹人的渺小，哪怕是秦皇汉武、唐宗宋祖；有时候我们分明看到很多人凭一己之力，改变了世界的模样，哪怕他如草芥般卑微，比如丁龙。

哥伦比亚大学副校长保罗说：“Dean Lung不是一个学者，不是一个将军，不是一个重要的人物，他仅仅是众多美国第一代华人移民中的一个，他捐出来的是钱，但更重要的是贡献了他的视野和理想。我们这个机构存在的意义就是要在当今这个充满冲突与对抗的世界里，建立一种属于我们自己的理解和对话的方式。所以我们需要重新认识并嘉奖这样一种视野，同时重新认识并嘉奖这样的个人，肯定他的贡献，让世人知道并记住Dean Lung的名字。”

请相信情怀与理想，相信正直与善良的力量。

思考寄语

如果你是当年那位哥伦比亚大学校长，在接到捐赠和来信之后需要在全校校董大会上就此事表明自己的观点，你会说些什么？

7 2018年感动中国十大人物颁奖词

——程开甲：两弹一星功勋

诵读主体

空投 平洞 竖井
朔风 野地 黄沙
戈壁寒暑成大器
于无声处起惊雷
一片赤诚
一生奉献
一切都和祖国紧紧相连
黄沙百战穿金甲
甲光向日金鳞开

知人论世

程开甲（1918—2018），男，汉族，中共党员、九三学社社员。中国科学院院士，著名理论物理学家、“两弹一星功勋奖章”获得者，2013年国家最高科学技术奖获得者，中国核武器事业的开拓者之一，中国核试验科学技术体系的创建者之一，中国人民解放军总装备部科技委顾问。1918年8月生于江苏吴江。1941年毕业于浙江大学物理系。1948年获英国爱丁堡大学哲学博士学位。1980年当选为中国科学院学部委员。曾任浙江大学、南京大学教授，第二机械工业部核武器研究所副所长，国防科工委核实验基地研究所副所长、所长及基地副司令员，国防科工委（总装备部）科技委正军职常委、顾问。

程开甲是中国核武器研究的开创者之一，在核武器的研制和试验中做出突出贡献。开创、规划、领导了抗辐射加固技术新领域研究，是中国定向能高功率微波研究新领域的开创者之一。出版了中国第一本固体物理学专著，提出了普遍的热力学内耗理论，导出了狄拉克方程，提出并发展了超导电双带理论和凝聚态TFDC电子理论。1985年获国家科技进步奖特等奖，1999年被国家授予“两弹一星功勋奖章”，2013年获国家最高科学技术奖。

2017年7月28日，被授予“八一勋章”。2018年3月27日，获得世界因你而美丽——2017—2018影响世界华人盛典“终身成就奖”。2019年2月18日，获得“感动中国2018年度人物”荣誉。

阅读鉴赏

2002年，中央电视台首次启动“感动中国”年度人物评选活动，节目一经播出，好评如潮，全国观众一致点赞。中宣部对该活动予以高度评价，要求央视将“感动中国”作为一个品牌持续坚持下去。20年来，“感动中国”确实成为极具影响力的品牌栏目，为传播正能量、弘扬主旋律做出巨大贡献。该节目“年度人物”的定义：人物事件发生在该年度，或者人物在该年度引起社会广泛关注。活动以“感动公众、感动中国”为主题，推选人物须具备以下一种或几种特点：

（1）为推动社会进步、时代发展作出杰出贡献，获得重大荣誉并引起社会广泛关注。

（2）在各行各业具有杰出贡献或重大表现，国家级重大项目主要贡献者。

（3）爱岗敬业，在平凡的岗位上做出了不平凡的事迹。

（4）以个人的力量，为社会公平正义、人类生存环境作出突出贡献。

（5）个人的经历或行为，代表了社会发展方向、社会价值观取向及时代精神；

个人在生活、家庭、情感上的表现特别感人，体现中国传统美德和良好社会风尚。

每一位“感动中国”年度人物都是时代楷模或道德标杆，他们是真正的国家脊梁，是真正值得被追的“星”。

思考寄语

如果不是中央电视台举办“感动中国”年度人物评选，大多数中国人不知道程开甲是谁；如果不是将这份颁奖词选入本书，大多数学子到现在也不知道程开甲是谁！然而，对于那些流量明星、网红主播，一些人却如数家珍。这难道正常吗？

针对上述现象，你觉得问题出在哪里？又有何建议？

8 论语·子罕（节选）

诵读主体

颜渊喟然叹曰：“仰之弥高，钻之弥坚，瞻之在前，忽焉在后。夫子循循然善诱人，博我以文，约我以礼，欲罢不能。既竭吾才，如有所立卓尔。虽欲从之，末由也已！”

知人论世

详见本册《季氏将伐颛臾》的知人论世部分。

阅读鉴赏

颜渊十分崇拜孔子，尤其是孔子渊博的知识和高尚的品德，以及孔子对弟子采取的“循循善诱”的教育教学方法。更难能可贵的是，孔子学习和传授知识不为名也不为利，而是为了平定天下，为了安抚百姓。

孔子的父亲叔梁纥在孔子3岁的时候就去世了，之后，孔子的母亲颜征在便独自带着幼小的孔子生活。孔子虽然出身大夫之家，但是因为家中只有孤儿寡母，生活清苦，因此也会做非常多被认为不符合大夫身份的杂活，如看守仓库等。然而，年轻时的孔子非常好学，一直追求人格和才学的双重进步。孔子当年曾经向师襄子学习鼓琴，琴曲的名字是《文王操》。孔子苦心孤诣，练习了很多天。师襄子说“可以了”的时候，孔子却说：“我已经掌握了这个曲子的弹法，却还没有掌握弹奏的技巧。”于是，孔子又苦练了很多天，师襄子又对他说：“可以了，你已经掌握了弹奏的技巧。”可是孔子仍然回答道：“不可以，我虽然掌握了弹奏的技巧，却还没有掌握《文王操》中体现的内涵。”于是，孔子不断钻研，反复练习，希望借此领会琴曲的内涵。直到他仿佛看到文王的形象在乐曲中表现出来了，他才认为自己真正地掌握了《文王操》这首琴曲的精髓，不再继续练习它，开始学习新内容。孔子之好学上进，可见一斑。

孔子不仅学而不厌，而且诲人不倦，是我国古代伟大的教育家。孔子以好学著称，对于各种知识都表现出浓厚的兴趣，因此他多才多艺，知识渊博，精通“六艺”。自从他开设私学，教育门人，孔门便慢慢地发展壮大起来。据传，孔子共有三千名学生，而其中贤人又有七十二名，比如非常有名的颜回、子贡、子路等，他们最为贤德，于是被称为“七十二贤人”。孔子自述，只要诚心来到他门下拜师的学生，他都会给予真诚而有用的教诲。他善于根据学生的不同特点，因材施教。

对于孔子来说，他的一生，正是不断推行儒家的仁义之道，实现自己理想的一生。孔子并不热衷于求取功名富贵，认为如果做了不义之举而得到富贵的话，这样的富贵对他来说就像浮云一样无用。因为，孔子认为，人应当“直道而行”，勇敢地遵行仁义，做一个正直而善良的人。

思考寄语

孔子不但是我国两千多年的“至圣先师”，今天也同样受到世人尊敬和推崇。1988年，75位诺贝尔奖的获得者在巴黎发表联合宣言，呼吁全世界，“21世纪人类要生存，就必须汲取两千年前孔子的智慧”。由此可见，孔子思想之伟大。作为新时代的读者，更要认真学习孔子的思想，践行儒家优秀文化之道。

9 卧薪尝胆

诵读主体

吴既赦越，越王勾践反国，乃苦身焦思，置胆于坐，坐卧即仰胆，饮食亦尝胆也。曰：“女忘会稽之耻邪？”身自耕作，夫人自织，食不加肉，衣不重采，折节下贤人，厚遇宾客，振贫吊死，与百姓同其劳。

知人论世

节选自《史记》。卧薪尝胆是耳熟能详的越王勾践图强历程的代名词。也有人认为，成语“卧薪尝胆”出自《旧五代史·汉书·隐帝纪》：“朕所以尝胆卧薪，废食辍寝，虽居亿兆之上，不以九五为尊，渐冀承平，永安遐迩，内则禀太后之慈训，外则仗多士之忠勋。”

《旧五代史》为“二十四史”之一，是由宋太祖诏令编纂的官修史书。薛居正

（912—981），字子平，开封府浚仪县（今河南开封市）人，是五代至北宋初年大臣、史学家，主持编纂《旧五代史》。

阅读鉴赏

公元前496年，吴王阖闾派兵攻打越国，被越王勾践打得大败，阖闾也受了重伤，临死前，嘱咐儿子夫差要替他报仇。夫差牢记父亲的话，日夜加紧练兵，准备攻打越国。过了2年，夫差率兵把勾践打得大败，勾践被包围，无路可逃，准备自杀。这时谋臣文种劝他说："吴国大臣伯嚭贪财好色，可以派人去贿赂他。"勾践听从了文种的建议，就派他带着珍宝贿赂伯嚭，伯嚭答应和文种去见吴王。

文种见了吴王，献上珍宝，说："越王愿意投降，做您的臣下伺候您，请您饶恕他。"伯嚭也在一旁帮文种说话。伍子胥站出来大声反对道："人常说'治病要除根'，勾践深谋远虑，手下大臣精明强干，这次放了他们，他们回去后就会想办法报仇的！"这时的夫差认为越国已经不足为患，没有听从伍子胥的劝告，答应了越国的请求，把军队撤回了吴国。

吴国撤兵后，勾践带着妻子和大夫范蠡到吴国伺候吴王，最终赢得了吴王的信任。3年后，他们被释放回国。

勾践回国后，立志发愤图强，准备复仇。他怕自己贪图舒适的生活，消磨了报仇的志气，晚上就枕着兵器，睡在稻草堆上。他还在屋内挂了一个苦胆，每天早上起来后就尝一口。他派文种管理国家政事，范蠡管理军事，他亲自到田里与农夫一起干活，妻子也纺线织布。勾践的这些举动感动了越国上下官民，经过10年的艰苦奋斗，越国终于兵精粮足，转弱为强。

吴王夫差盲目争霸，丝毫不考虑民生疾苦。他还听信伯嚭的谗言，杀了忠臣伍子胥。最终夫差争霸成功，称霸于诸侯。但是这时的吴国貌似强大，实际上国力空虚，已经开始走下坡路了。

公元前482年，夫差亲自带领大军北上，与晋国争夺诸侯盟主，越王勾践趁吴国精兵在外，突然袭击，一举打败吴军，杀了太子友。夫差听到这个消息后，急忙带兵回国，并派人向勾践求和，勾践同意了。公元前473年，勾践第二次亲自带兵攻打吴国。这时的吴国已经是强弩之末，根本抵挡不住越国军队的强势猛攻，屡战屡败。最后，夫差又派人向勾践求和，范蠡坚决主张要灭掉吴国。夫差见求和不成，才后悔没有听伍子胥的忠告，非常羞愧，于是拔剑自杀。

思考寄语

生活中充满了起伏，做什么事都不容易。如果一个人想要取得某种成就，必须付出一定的努力和耐心。如果不能在需要耐心的时候放下架子坚持下去，就会失去成功的机会；如果能忍耐和放下架子，经过不断努力，总有一天会成功的。

10 晏子使楚

诵读主体

（一）

晏子使楚。楚人以晏子短，楚人为小门于大门之侧而延晏子。晏子不入，曰："使狗国者从狗门入。今臣使楚，不当从此门入。"傧者更道，从大门入。

见楚王，王曰："齐无人耶？使子为使。"晏子对曰："齐之临淄三百闾，张袂成阴，挥汗成雨，比肩继踵而在，何为无人？"王曰："然则何为使子？"晏子对曰："齐命使，各有所主，其贤者使使贤主，不肖者使使不肖主。婴最不肖，故宜使楚矣！"

（二）

晏子将使楚。楚王闻之，谓左右曰："晏婴，齐之习辞者也。今方来，吾欲辱之，何以也？"左右对曰："为其来也，臣请缚一人，过王而行，王曰：'何为者也？'对曰：'齐人也。'王曰：'何坐？'曰：'坐盗。'"

晏子至，楚王赐晏子酒。酒酣，吏二缚一人诣王，王曰："缚者曷为者也？"对曰："齐人也，坐盗。"王视晏子曰："齐人固善盗乎？"

晏子避席对曰："婴闻之，橘生淮南则为橘，生于淮北则为枳，叶徒相似，其实味不同。所以然者何？水土异也。今民生长于齐不盗，入楚则盗，得无楚之水土使民善盗耶？"

王笑曰："圣人非所与熙也，寡人反取病焉。"

知人论世

晏子（？—公元前500），名婴，字仲，谥平，习惯上多称平仲。夷维（今山东省高密市）人，春秋时期著名政治家、思想家、外交家。

晏婴是齐国上大夫晏弱之子。齐灵公二十六年（公元前556）晏弱病死，晏婴继任为上大夫。历任齐灵公、庄公、景公三朝，辅政长达五十余年，以有政治远见、外交才能和作风朴素而闻名诸侯。晏婴聪颖机智，能言善辩，内辅国政，屡谏齐国君王，对外既富有灵活性，又坚持原则性，出使不受辱，捍卫了齐国的国格和国威。

《晏子春秋》，又称《晏子》，是记载春秋时期（公元前770—前476）齐国政治家晏婴言行的一部历史典籍，由史料和民间传说汇编而成，书中记载了晏婴劝告君主勤政，不要贪图享乐，以及爱护百姓、任用贤能和虚心纳谏的事例，成为后世学习的榜样。晏婴非常节俭，备受后世统治者推崇。此书经过刘向整理，共有内、外8篇，215章。

阅读鉴赏

晏子出使楚国。楚国人因为晏子身材矮小，在大门的旁边开了一个小洞请晏子进去。晏子不进去，说："出使狗国的人从狗洞进去，今天我出使楚国，不应该从这个洞进去。"迎接宾客的人带晏子改从大门进去。晏子拜见楚王。楚王说："齐国没有人吗？竟派你做使臣。"晏子回答说："齐国首都临淄有7 000多户人家（按：古代以25家为一闾），展开衣袖可以遮天蔽日，挥洒汗水就像天下雨一样，人挨着人，肩并着肩，脚尖碰着脚跟，怎么能说齐国没有人呢？"楚王说："既然这样，为什么派你这样一个人来做使臣呢？"晏子回答说："齐国派遣使臣，各有各的出使对象，贤明的使者被派遣出使贤明的君主那儿，不肖的使者被派遣出使不肖的君主那儿，我是最无能的人，所以只适合出使楚国。"

晏子将要出使楚国。楚王听到这个消息，对手下的人说："晏婴是齐国善于言辞的人，现在将要来了，我想羞辱他，用什么办法呢？"左右的人回答说："在他来的时候，请允许我们绑一个人从大王您面前走过。大王问：‘这是哪个国家的人？’我们回答说：‘是齐国人。’大王说：‘他犯了什么罪？’我们说：‘犯了偷窃罪。’”

晏子到了，楚王赏赐给晏子酒，喝得正高兴的时候，两个官吏绑着一个人走到楚王面前。楚王问：“绑着的人是哪个国家的人？”近侍回答说：“他是齐国人，犯了偷窃罪。”楚王瞟着晏子说：“齐国人本来就善于偷窃吗？”晏子离开座位回答说：“我听说这样的事：橘子生长在淮河以南就是橘子，生长在淮河以北就变成枳了，只是叶子的形状相像，它们果实的味道不同。这样的原因是什么呢？是水土不同。现在老百姓生活在齐国不偷窃，到了楚国就偷窃，莫非楚国的水土使老百姓善于偷窃吗？”楚王笑着说：“圣人不是能同他开玩笑的人，我反而自讨没趣了。”

选文故事发生在春秋时期，很多谋士能臣游走于各国之间，凭借自己的口才和智慧，各为其主，谋取霸业。晏子即是其中的佼佼者。公元前547年，齐景公即位。前548年，由于齐景公在晋国出访时的狂妄态度，引起了晋国君主的不满，于是派出军队对齐实施震慑性攻击，齐景公一开始并不在意，但后来晋国军队几乎兵临城下，使他不得不服软。通过这次教训，齐景公意识到单凭齐国的力量是无法与强大的晋国抗衡的，于是他将目光放到了南方的楚国，决意与楚修好，共抗晋国。《晏子使楚》即是记录晏子在这种情况下出使楚国的这一故事。

本文讲述了春秋末期，齐国大夫晏子出使楚国，楚王三次侮辱晏子，想显示楚国的威风，晏子巧妙回击，维护了自己和国家尊严的故事，赞扬了晏子机智勇敢、灵活善辩的外交才能与不惧大国、不畏强暴的斗争精神。

思考寄语

现实中磨难和挑战无处不在，要想成为生活中的“胜者”，就必须经过许多风风雨雨，勇气、信心、智慧……这些都是经过磨难才能获得的！所以在面对困难的时候，我们要勇敢，不能退缩，要用智慧解决问题，克服磨难，这样才能在风雨后见彩虹！

11 善良是一生的修行

诵读主体

孔子的弟子仲由在集市闲逛时，见一买主与卖主争吵，就走过去瞧瞧。只听卖主说："我一尺鲁缟价三钱，你买八尺，共二十四钱，少一个子也不行。"买主争辩道："明明是三八二十三，你多要一钱是何道理？"仲由觉得有趣，笑着对买主说："三八二十四才对，你错了。"可买主固执己见，要与仲由打赌。仲由也性烈，当即以新买的头盔做赌注，买主也不含糊，居然赌项上人头。二人击掌为誓，然后去找孔子裁决。

孔子问明情况后，笑着对仲由说："子路，你错了，快把头盔给人家吧。"买主得意地拿着头盔走了。仲由大惑不解地问："老师，分明是三八二十四，可您为何判他对呢？"孔子说："你输了，头盔还可以再买，若那人输了呢？"仲由恍然大悟。

知人论世

仲由（公元前542—前480），字子路，又字季路，鲁国卞（今山东泗水县）人。"孔门十哲"之一、"二十四孝"之一、"孔门七十二贤"之一，受儒家祭祀。

仲由年少时，从事各种劳作来维持家庭生活，甚至常吃野菜充饥。拜入孔门之前，据《史记》记载，仲由志气刚强、性格直爽，头戴雄鸡式的帽子耍威风，佩带着公猪装饰的宝剑显示自己的无敌，曾经瞧不起孔子的学说，屡次冒犯欺负孔子，为此孔子设计出少许礼乐仪式慢慢加以引导。后来，仲由穿着儒服，带着拜师的礼物，通过孔子学生的引荐，请求成为孔子的学生，跟随孔子周游列国，做孔子的侍卫。后做卫国大夫孔悝的蒲邑宰，以政事见称，为人正直，好勇力，任内开挖沟渠，救穷济贫，政绩突出，辖域大治。

周敬王四十年（鲁哀公十五年），卫国内乱，子路临危不惧，冒死冲进卫国国都救援孔悝，混战中被蒯聩击杀，结缨遇难，葬于澶渊（今河南濮阳）。

阅读鉴赏

用一个头盔换一条性命，这是智者的善良。有时候，我们需要权衡轻重，倘若与原则无关，不妨退后一步，给人一个台阶。也许表面上看，你吃了亏，但实际上你的心灵会因此得到净化。

“福祸无门，惟人自召。”一个心地善良的人，也必会被这个世界温柔以待。《增广贤文》有言：“但行好事，莫问前程。”意思是说，一个人只管多做善事，做好当下就好，不要去牵挂往后的发展。人生在世，积德行善全凭自己的一颗真心。

善良，是一生的修行。有人说，人这一辈子最大的财富，是骨子里的修养，植根于内心的善良。那什么是善呢？是苏轼的“为鼠常留饭，怜蛾不点灯”，抑或是金庸的“为人切莫用欺心，举头三尺有神明”？善，不是一种学问，而是一种作为。薛侃曾经向王阳明抱怨：“为什么天地之间，恶难铲除，善更难培养呢？”王阳明劝导他：“善恶是相对的。你在除草的时候，草相对花来说就是恶的，因为它阻碍了花的盛开。但是它在某些程度上给予了花养分，因此它又是善的。”

以一颗柔软之心看世界，世界便是斑斓的，世界的颜色取决于你本心的颜色。或许有人说，一味的善良就是软弱，“人善被人欺，马善被人骑”。其实，我们主张的善良，是时刻警醒自己“害人之心不可有，防人之心不可无”。正如曾子曾说：“人而好善，福虽未至，祸其远矣。”一个经常行善的人，福虽然还没有到来，但与祸的距离已经很远了。常怀一颗善心，终会收获善果。

思考寄语

善良或许不能改变世界，但它可以影响你和周围人的命运。希望大家以后的每一步，都要择善而行，因为善良是人生最好的修行。

12 善待对手

诵读主体

日本的北海道出产一种味道珍奇的鳗鱼，海边渔村的许多渔民都以捕捞鳗鱼为生。鳗鱼的生命非常脆弱，只要一离开深海区，要不了半天就会全部死亡。奇怪的是，有一位老渔民天天出海捕捞鳗鱼，返回岸边后，他的鳗鱼总是活蹦乱跳的。而其他几家捕捞鳗鱼的渔户，无论如何处置捕捞到的鳗鱼，回港后全都是死的。由于鲜活的鳗鱼价格要比死亡的鳗鱼几乎贵出一倍以上，所以没几年工夫，老渔民一家便成了远近闻名的富翁。周围的渔民做着同样的营生，却一直只能维持简单的温饱。老渔民在临终之时，把秘诀传授给儿子。原来，老渔民使鳗鱼不死的秘诀，就是在整舱的鳗鱼中，放进几条叫狗鱼的杂鱼。鳗鱼与狗鱼非但不是同类，还是出名的“对头”。几条势单力薄的狗鱼遇到成舱的对手，便惊慌地在鳗鱼堆里四处乱窜，这样一来，反倒把满满一舱死气沉沉的鳗鱼全给激活了。

一种动物如果没有对手，就会变得死气沉沉。同样，一个人如果没有对手，那他就会甘于平庸，养成惰性，最终导致庸碌无为。一个群体如果没有对手，就会因为相互的依赖和潜移默化而丧失活力，丧失生机。一个行业如果没有了对手，就会丧失进取的意志，就会因为安于现状而逐步走向衰亡。鳗鱼因为有了狗鱼这样的对手，才长久地保持着生命的鲜活。有了对手，才会有危机感，才会有竞争力。有了对手，你便不得不奋发图强，不得不革故鼎新，不得不锐意进取，否则，就只有等着被吞并，被替代，被淘汰。

许多的人都把对手视为是心腹大患，是异己，是眼中钉，肉中刺，恨不得马上除之而后快。其实只要反过来仔细一想，便会发现拥有一个强劲的对手，反而倒是一种福分，一种造化。因为一个强劲的对手，会让你时刻有种危机四伏的感觉，它会激发起你更加旺盛的精神和斗志。

知人论世

李智红，彝族，1963年生，云南省永平县人，中国作家协会会员。《大理文化》文艺月刊编辑，大理州作家协会驻会副主席，《读者》杂志签约作家。著有诗集《永远的温柔》，散文集《布衣滇西》《西双版纳的美》，随笔集《静夜煨茶》《舍与得的人生课》，散文诗集《云南高原的嗓门和手势》，杂文集《杂感微言》。

阅读鉴赏

在充满竞争的世界，对手有时候是鞭策你进步的动力。有对手才有竞争，才有奋进的勇气和动力，才有取得成功的迫切之心。一个人如果没有压力和对手就会变得懒惰，没有进取心。一个群体如果没有对手，就会止步不前，走向衰败。

在竞争激烈的时代，到处都充满了危机。无论在哪里，无论做什么，我们都会遇到对手。许多人都把对手视为心腹大患，是异己，是眼中钉、肉中刺，恨不得马上除之而后快。其实只要反过来仔细一想，便会发现拥有一个强劲的对手，反倒是一种机遇。因为一个强劲的对手，会让我们时刻有危机四伏的感觉，会激发内心更加旺盛的斗志。

善于欣赏对手，看到他的长处，以他人之长补己之短，我们就会变得更加完美。每个人都渴望成功。有人说，想要成功，需要朋友；想要非常成功，就需要对手。可见，成功与对手的存在分不开。也就是说，只有把对手的成功看成自己成功的一部分，才能以积极的心态参与角逐。换言之，在竞争的过程中，需要我们调整心态、战胜自我、正视对手，最终才能成功。由此而言，我们有何理由不去欣赏自己的对手呢？

思考寄语

鳗鱼的故事告诉我们，对手不仅仅是你的竞争对象，有时候更是你获得成功的“强心针”和“助推器”。大家在取得阶段性成果的同时，不妨感谢你的对手，正是因为他（她）们的存在，才会让你变得勤奋、努力，直至取得最后的成功！

13 假如生活欺骗了你

诵读主体

假如生活欺骗了你，
不要悲伤，不要心急！
忧郁的日子里须要镇静；
相信吧，快乐的日子将会来临。

心儿永远向往着未来；
现在却常是忧郁。
一切都是瞬息，一切都将会过去；
而那过去了的，就会成为亲切的怀恋。

知人论世

亚历山大·谢尔盖耶维奇·普希金（1799—1837），俄国诗人、作家，史称“俄罗斯文学之父”，俄罗斯文学语言的创建者和新俄罗斯文学的奠基人。

1799年6月6日，普希金出生于莫斯科一个贵族地主家庭。1811年6月，考入皇村学校。1814年7月，诗歌《致诗友》发表在《欧洲通报》上。1817年3月，出版了第一本诗集《亚历山大·普希金诗集》；7月，完成诗歌《自由颂》，产生一定影响。1819年7月，写出诗歌《乡村》。1820年3月，完成第一部长诗《鲁斯兰和柳德米拉》，引起文坛关注。1821年，完成长诗《高加索的俘虏》。1825年，完成短诗《假如生活欺骗了你》。1828年，完成诗体小说《叶甫盖尼·奥涅金》。1830年，参加《文学报》的编辑工作。1833年10月，完成长诗《青铜骑士》；12月30日，被尼古拉一世任命为宫中低级侍从。1836年10月，完成长篇小说《上尉的女儿》。

阅读鉴赏

1824年8月至1826年9月，普希金被流放期间是他一生极为孤独寂寞的日子。那时俄国革命如火如荼，诗人却被迫与世隔绝。在这样的处境下，诗人仍没有丧失希望与斗志，写下《假如生活欺骗了你》，表达他热爱生活，执着地追求理想，相信光明必来、正义必胜的人生态度。

这是一首哲理抒情诗，以劝告的口吻和平等的语气娓娓道来，语调亲密和婉、热诚坦率，诗句清新流畅、热烈深沉，有丰富的人情味和哲理意味，表达了诗人真诚博大、坚强乐观的思想情怀。

这首诗的前四行侧重于安慰困苦悲伤中的某个人，这也许就是诗人自己，诗人生活在法国大革命精神在欧洲大陆产生广泛影响的时代。后四行则试图理性地解释悲伤和泪水有害无益。困境中的“温和、平静”是生活的大智慧，只要保持乐观的心态，机会永远在那里，逃避困境、回避现实都于事无补。

思考寄语

这首诗使用浅显的语言，表达了生活的真谛。尤其是当生活中遇到挫折时，它可以使你走出困境，看到光明。正如诗中写的那样，“快乐的日子将会来临”。只要我们认真对待生活，生活定将不辜负我们！

14 兼爱上

诵读主体

圣人以治天下为事者也，必知乱之所自起，焉能治之；不知乱之所自起，则不能治。譬之如医之攻人之疾者然：必知疾之所自起，焉能攻之；不知疾之所自起，则弗能攻。治乱者何独不然？必知乱之所自起，焉能治之；不知乱之所自起，则弗能治。圣人以治天下为事者也，不可不察乱之所自起。

当察乱何自起？起不相爱。臣子之不孝君父，所谓乱也。子自爱，不爱父，故亏父而自利；弟自爱，不爱兄，故亏兄而自利；臣自爱，不爱君，故亏君而自利，此所谓乱也。虽父之不慈子，兄之不慈弟，君之不慈臣，此亦天下之所谓乱也。父自爱也，不爱子，故亏子而自利；兄自爱也，不爱弟，故亏弟而自利；君自爱也，不爱臣，故亏臣而自利。是何也？皆起不相爱。

虽至天下之为盗贼者，亦然。盗爱其室不爱其异室，故窃异室以利其室；贼爱其身不爱人，故贼人以利其身。此何也？皆起不相爱。

虽至大夫之相乱家、诸侯之相攻国者，亦然。大夫各爱其家，不爱异家，故乱异家以利其家；诸侯各爱其国，不爱异国，故攻异国以利其国，天下之乱物具此而已矣。察此何自起？皆起不相爱。

若使天下兼相爱，爱人若爱其身，犹有不孝者乎？视父兄与君若其身，恶施不孝？犹有不慈者乎？视弟子与臣若其身，恶施不慈？故不孝不慈亡有。犹有盗贼乎？故视人之室若其室，谁窃？视人身若其身，谁贼？故盗贼亡有。犹有大夫之相乱家、诸侯之相攻国者乎？视人家若其家，谁乱？视人国若其国，谁攻？故大夫之相乱家、诸侯之相攻国者亡有。若使天下兼相爱，国与国不相攻，家与家不相乱，盗贼无有，君臣父子皆能孝慈，若此则天下治。

故圣人以治天下为事者，恶得不禁恶而劝爱？故天下兼相爱则治，交相恶则乱。故子墨子曰："不可以不劝爱人者，此也。"

知人论世

墨子（约公元前468—前376），名翟，春秋末期战国初期宋国人，一说鲁阳人，一说滕国人。宋国贵族目夷的后裔，曾担任宋国大夫。中国古代思想家、教育家、科学家、军事家，墨家学派创始人和主要代表人物。

墨子是墨家学说的创立者，提出了“兼爱”“非攻”“尚贤”“尚同”“天志”“明鬼”“非命”“非乐”“节葬”“节用”等观点，以兼爱为核心，以节用、尚贤为支点，创立了以几何学、物理学、光学为突出成就的一整套科学理论。墨家在先秦时期影响很大，与儒家并称“显学”。战国时期的百家争鸣，有“非儒即墨”之称。

墨子死后，墨家分为相里氏之墨、相夫氏之墨、邓陵氏之墨三个学派。墨子弟子根据墨子生平事迹的史料，收集其语录，编成了《墨子》一书。

阅读鉴赏

何为“兼相爱、交相利”？墨子曰：“视人之国若视其国，视人之家若视其家，视人之身若视其身。是故诸侯相爱则不野战，家主相爱则不相篡，人与人相爱则不相贼，君臣相爱则惠忠，父子相爱则慈孝，兄弟相爱则和调。天下之人皆相爱，强不执弱，众不劫寡，富不侮贫，贵不敖贱，诈不欺愚。凡天下祸篡怨恨可使毋起者，以相爱生也，是以仁者誉之。”墨子无意追求爱的浪漫，而视之为济世救人的良方。墨子认为，先秦社会之所以失范，在于人与人之间不相爱，“是故诸侯不相爱则必野战，家主不相爱则必相篡，人与人不相爱则必相贼，君臣不相爱则不惠忠，父子不相爱则不慈孝，兄弟不相爱则不和调。”与此相伴，自私自利亦是乱世之因，如“亏父而自利”“亏子而自利”“亏兄而自利”“亏弟而自利”“亏君而自利”“亏臣而自利”“乱异家以利其家”“攻异国以利其国”等皆为自私自利之结果。一言以蔽之，违反兼爱互利原则的恶果是“强必执弱、富必侮贫、贵必敖贱、诈必欺愚”。这表明，墨子有意凸显爱的现实性一面，拙于或不屑渲染爱的梦幻色彩。而这一步骤又主要是通过把爱与利予以贯通得以完成的。也就是说，爱必言利，以爱启利，以利寓爱，构成一个有机整体。“兼相爱”并不否定自爱，而是把自爱与相爱结合起来。“交相利”也不是鄙视自利，而是力求使自利与互利两不偏废。“夫爱人者，人必从而爱之；利人者，人必从而利之。”在这种爱意融融的相互义务性关系中，天下才能实现和谐、富足。是故，兼爱互利是为治之道，“今天下之君子，忠实欲天下之富而恶其贫，欲天下之治而恶其乱，当兼相爱、交相利。此圣王之法，天下之治道也，不可不务为也”。

思考寄语

墨子把兼爱作为崇高的道德理想和奋斗目标，以身作则地实行。古语说“墨突不黔”“墨子无暖席”，形容墨子救世之急。墨子裂裳裹足、走十日十夜以止楚攻宋的故事被传为千古佳话。时人称墨子是“独自苦而为义”的贤圣人。连曾无理攻击墨子的孟子也不得不说“墨子兼爱，摩顶放踵，利天下者为之”。《庄子·天下》称墨子“真天下之好”，是“求之不得”的“才士”。可见墨子道德境界之高。

15 中　正

诵读主体

孔子观于鲁桓公之庙，有攲器焉。夫子问于守庙者曰：“此谓何器？”对曰：“此盖为宥坐之器。”

孔子曰：“吾闻宥坐之器，虚则攲，中则正，满则覆。明君以为至诫，故常置之于坐侧。”顾谓弟子曰：“试注水焉！”乃注之。水中则正，满则覆。夫子喟然叹曰：“呜呼！夫物恶有满而不覆哉？”

子路进曰：“敢问持满有道乎？”

子曰：“聪明睿智，守之以愚；功被天下，守之以让；勇力振世，守之以怯；富有四海，守之以谦。此所谓损之又损之之道也。”

知人论世

《孔子家语》简称《家语》，儒家著作，最早著录于《汉书·艺文志》，原书27卷，今本为10卷，共44篇，是一部记录孔子及孔门弟子思想言行的著作。过去因为疑古派的非难，历代前人多认为《孔子家语》是伪书，随着近代简帛文献的出土证明，确信为先秦旧籍，《孔子家语》的真实性与文献价值越来越受到学术界的重视。宋儒重视心性之学，重视《论语》《孟子》《大学》《中庸》，但与这“四书”相比，无论在规模上，还是在内容上，《孔子家语》都要高出很多。该书对于全面研究和准确把握早期儒学更有价值，从这个意义上说，该书完全当得上“儒学第一书”的地位。

阅读鉴赏

孔子到鲁桓公的庙里去参观，在那里看到一件容易倾倒的器物。于是他问守庙的人：“这是什么器物啊？”守庙人回答说：“这是国君放在座位右边以示警戒的欹器。”

孔子说：“我听说国君放在座位右边的欹器，空虚时就倾倒，水不多不少时就端正，水满时就倒下。贤明的国君把它作为最高警戒，所以常常把它放在座位旁边。”说完回头对弟子说，“灌进水试试。”弟子把水灌进欹器，水不多不少时欹器就端正，水满时就倒下。孔子感叹道：“唉，哪有东西盈满了不倒的呢！”

子路走上前去问道：“请问保守成业有什么方法吗？”

孔子说：“聪明睿智的人，用愚朴来保守成业；功盖天下的人，用谦让来保守成业；勇力震世的人，用怯懦来保守成业；富有四海的人，用谦卑来保守成业。这就是退损再退损的方法。”

这篇文章是由小议论组成的，大多内容又见《荀子》，讲“虚则欹，中则正，满则覆”的道理，主张遵守愚、让、怯、谦的损之又损之道，这就是“满招损，谦受益”俗语的来源。“日中则移，月满则亏，器满则倾，水满则溢，物极必反，道穷则变之”，人生，讲求一个度字，物极必反，水满则溢，凡事须有度，过犹而不及，唯有不多不少才得“中正”。

思考寄语

自满于已取得的成绩，将会招来损失和灾害；谦虚而时时改掉自己的不足，就能因此而获得益处。尽管大多数人都明白这个道理，但经常只是在理论上明白，却不能付诸行动。我们办事情，在取得一定成绩后，经常会被高兴冲昏了头脑，骄傲起来，便会使自己过于相信自己的能力，尤其体现在多次成功后的骄傲。历史上的许多事实证明了“满招损，谦受益”这句名言的正确性。

16 中国人失掉自信力了吗

诵读主体

从公开的文字上看起来：两年以前，我们总自夸着“地大物博”，是事实；不久就不再自夸了，只希望着国联，也是事实；现在是既不夸自己，也不信国联，改为一味求神拜佛，怀古伤今了——却也是事实。

于是有人慨叹曰：中国人失掉自信力了。

如果单据这一点现象而论，自信其实是早就失掉了的。先前信“地”，信“物”，后来信“国联”，都没有相信过“自己”。假使这也算一种“信”，那也只能说中国人曾经有过“他信力”，自从对国联失望之后，便把这他信力都失掉了。

失掉了他信力，就会疑，一个转身，也许能够只相信了自己，倒是一条新生路，但不幸的是逐渐玄虚起来了。信“地”和“物”，还是切实的东西，国联就渺茫，不过这还可以令人不久就省悟到依赖它的不可靠。一到求神拜佛，可就玄虚之至了，有益或是有害，一时就找不出分明的结果来，它可以令人更长久地麻醉着自己。

中国人现在是在发展着“自欺力”。

“自欺”也并非新东西，只不过日见其明显，笼罩了一切罢了。然而，在这笼罩之下，我们有并不失掉自信力的中国人在。

我们从古以来，就有埋头苦干的人，有拼命硬干的人，有为民请命的人，有舍身求法的人，……虽是等于为帝王将相作家谱的所谓“正史”，也往往掩不住他们的光耀，这就是中国的脊梁。

这一类的人们，也何尝少呢？他们有确信，不自欺；他们在前仆后继的战斗，不过一面总在被摧残、被抹杀，消灭于黑暗中，不能为大家所知道罢了。说中国人失掉了自信力，用以指一部分人则可，倘若加于全体，那简直是诬蔑。

要论中国人，必须不被搽在表面的自欺欺人的脂粉所诓骗，却看看他的筋骨和脊梁。自信力的有无，状元宰相的文章是不足为据的，要自己去看地底下。

知人论世

鲁迅（1881—1936），原名周樟寿，后改名周树人，字豫才，浙江绍兴人，曾留学日本学医。“鲁迅”是他于1918年发表《狂人日记》时所用的笔名，也是他影响最为广泛的笔名。著名文学家、思想家、民主战士，五四新文化运动的重要参与者，中国现代文学的奠基人。

鲁迅一生在文学创作、文学批评、思想研究、文学史研究、翻译、美术理论引进、基础科学介绍和古籍校勘与研究等多个领域具有重要贡献。他对于五四运动以后的中国社会思想文化发展具有重大影响，蜚声世界文坛，被誉为“二十世纪东亚文化地图上占最大领土的作家”。

阅读鉴赏

1934年8月27日，当时颇有影响的一家报纸发表了《孔子诞辰纪念》的社评，散布“中国人失去了自信力”的失败主义论调。鲁迅完全不同意上述看法，他敏锐地抓住了中国人并没有失掉自信力这个问题，展开深入的议论。

究竟中国人有没有失掉自信力，鲁迅首先采取了退一步的说法，他承认，在当时的中国人中确有那么一些人失掉了自信，而且有事实为依据：“从公开的文字上看起来：两年以前，我们总自夸着‘地大物博’，是事实；不久就不再自夸了，只希望着国联，也是事实；现在是既不夸自己，也不信国联，改为一味求神拜佛，怀古伤今了——却也是事实。”其实这些人的自信早已失掉，信“地”、信“物”、信“国联”都是“他信力”。待明白国联的不可靠，便把“他信力”也失掉了。鲁迅认为，如果这些人在铁的事实面前失掉了“他信力”何尝不是好事，他们就会“一个转身，也许能够只相信了自己，倒是一条新生路”。不幸的是，这些人又走到求神拜佛上去，“可就玄虚之至了”。他们在发展着“自欺力”，陶醉在自己构筑的幻象中。不过这些人是中国人中的少数，他们并不能代表全体中国人。

鲁迅明确地指出，在中国人中，不论是古代还是现代，有相当多的人从没有失掉自信力。以古代说：“我们从古以来，就有埋头苦干的人，有拼命硬干的人，有为民请命的人，有舍身求法的人。”这些人才是真正的中国人的代表，“是中国的脊梁”。再从现代看，“这一类的人们，也何尝少呢？他们有确信，不自欺；他们在前仆后继的战斗，不过一面总在被摧残，被抹杀，消灭于黑暗中，不能为大家所知道罢了”。

报纸的舆论将部分失掉自信力的人，说成是全体中国人民失掉自信力就犯了一个逻辑上的错误：他们将断定某一部分具有某些性质的单称肯定判断篡改成断定一类事物都具有某性质的全称肯定判断。

至此，本文似乎终篇了，但鲁迅意犹未尽，他在最后一小段中以“搽在表面”的“脂粉”比喻国民党反动派和御用文人种种骗人伎俩，说明必须善于透过现象看本质，从“地底下”的中国人民身上去认识中国人的力量和本质，文章的立意得到了升华。

思考寄语

人生并非一帆风顺，永无波澜，它是一条充满崎岖坎坷、充满困难挑战的旅途。唯有自信的人，才能面对困难百折不挠；唯有自信的人，才能品尝成功的甜蜜。但我们要明白，自信是建立在能力的基础上的，否则只能称为“自大”。同学们，行动起来，用丰富的学识、出色的能力点燃自信之火。

方圆相宜
行稳致远

1 原毁（节选）

诵读主体

古之君子，其责己也重以周，其待人也轻以约。重以周，故不怠；轻以约，故人乐为善。

闻古之人有舜者，其为人也，仁义人也。求其所以为舜者，责于己曰：“彼，人也；予，人也。彼能是，而我乃不能是！”早夜以思，去其不如舜者，就其如舜者。闻古之人有周公者，其为人也，多才与艺人也。求其所以为周公者，责于己曰：“彼，人也；予，人也。彼能是，而我乃不能是！”早夜以思，去其不如周公者，就其如周公者。舜，大圣人也，后世无及焉；周公，大圣人也，后世无及焉。是人也，乃曰：“不如舜，不如周公，吾之病也。”是不亦责于身者重以周乎？其于人也，曰：“彼人也，能有是，是足为良人矣；能善是，是足为艺人矣。”取其一，不责其二；即其新，不究其旧：恐恐然惟惧其人之不得为善之利。一善易修也，一艺易能也，其于人也，乃曰：“能有是，是亦足矣。”曰：“能善是，是亦足矣。”不亦待于人者轻以约乎？

知人论世

韩愈（768—824），字退之，河南河阳（今河南孟州市）人，自称“祖籍昌黎郡”，世称“韩昌黎”“昌黎先生”。唐代文学家、思想家、政治家。元和十二年（817），出任宰相裴度行军司马，从平“淮西之乱”。直言谏迎佛骨，贬为潮州刺史。宦海沉浮，累迁吏部侍郎，人称“韩吏部”。长庆四年（824），韩愈病逝，年五十七，追赠礼部尚书，谥号为“文”，故称“韩文公”。元丰元年（1078），追封昌黎伯，并从祀孔庙。韩愈作为唐代古文运动的倡导者，名列“唐宋八大家”之首，有“文章巨公”和“百代文宗”之名。与柳宗元并称“韩柳”，与柳宗元、欧阳修和苏轼并称“千古文章四大家”。著有《韩昌黎集》等。

阅读鉴赏

古时候的君子，他要求自己严格而全面，他对待别人宽容又简约。严格而全面，所以不怠惰；宽容又简约，所以人们都乐意做好事。听说古代的圣人舜，他是个仁义的人。探究舜之所以成为圣人的道理，就责备自己说：“他是个人，我也是个人，他能这样，我却不能这样！”早晚都在思考，改掉那不如舜的行为，去做那与舜相同的。听说古代的圣人周公，他是个多才多艺的人。探究他所以成为圣人的道理，就责备自己说：“他是个人，我也是个人，他能这样，我却不能这样！”早晚都在思考，改掉那不如周公的，去做那与周公相同的。舜，是大圣人，后代没有能及得上他的；周公，是大圣人，后代也没有能及得上他的。这些人却说：“及不上舜，及不上周公，是我的缺点。”这不就是要求自身严格而且全面吗？他对待别人，说道：“那个人啊，能有这点，这就够得上是良善的人了；能擅长这个，就算得上是有才能的人了。”肯定他一个方面，而不苛求他别的方面；论他今天的表现，而不计较他的过去，小心谨慎地只恐怕别人得不到做好事应得的表扬。一件好事是容易做到的，一种技能是容易学得的，他对待别人，却说：“能有这样，这就够了。”又说，“能擅长这个，这就够了。”不就是要求别人宽容又简约吗？

《原毁》一文从“怠”和“忌”的角度探究了毁谤产生的原因，既不能修养自身又嫉妒他人。韩愈认为，士大夫之间毁谤之风盛行正是当时道德败坏的表现。节选部分论述了古代尊重贤才的场景，将其与今人相互猜忌的场面进行对比，批判了当时的社会风气。

思考寄语

一个人应该学会如何正确对待自己和别人，这样才符合君子之德、君子之风。

2 老子·八十一章

诵读主体

信言不美，美言不信。善者不辩，辩者不善。知者不博，博者不知。圣人不积，既以为人，己愈有；既以与人，己愈多。天之道，利而不害；圣人之道，为而不争。

知人论世

《老子》又称《道德经》，全书分为“道经”和“德经”两篇，共计八十一章，仅仅五千余字，却微言大义、包罗万象。其内容涵盖了宇宙观、认识观、人生观、方法论及处世之学、用兵之道、治国之策……《老子》被世人奉为道教主要经典之一，是我国的重要文化遗产。

阅读鉴赏

这段话的意思是说真实的话不漂亮，漂亮的话不真实。善良的人不善于用言语自辩，爱用言语自辩的人不一定善良。有真知灼见的人知识不一定广博，知识广博的人未必有真知灼见。有道的人什么也不保留，他越帮助别人，自己反而更加富有；他越是把自己的一切给予他人，自己就愈加丰富。自然的规律是让万事万物都得到好处而不伤害它们，有道的人的法则是施惠于众人而不与人争夺。

这一章的内容可以分为两部分：前半部分讲“言”和“知”。老子认为，真诚的言论听起来并不美，也不够雄辩。真正有智慧的人不一定知识广博，但是他们能抓住人道的根本。后半部分讲天的法则是“利而不害”。圣人效法天道，只做对他人有利的事情，而不做与人争利的事情。

在老子看来，圣人是不撒谎、不辩解、不卖弄、不自私的。

思考寄语

《道德经》的最后一章，人生主旨、治世要义皆在此中。无论做什么事，都不能自私自利。损人利己的事情一定不可行，只有心里想着他人，为他人服务才能实现自身的价值，同时也可以提升自己。正所谓“赠人玫瑰，手有余香”。

3 遣 怀

诵读主体

雄心射越三千丈，
未达成功哪肯休！
尝遍穷愁生死味，
淡然过去乐无忧。

知人论世

蔡上林（1898—1932），1925年加入中国共产党，曾任中共石首县赤卫大队大队长、华容县苏维埃主席团委员、湘鄂西临时省委特派员。1932年因积劳成疾病逝，时年34岁。在艰苦的革命斗争中，蔡上林一直坚持学习和写作，率领游击队与敌人周旋之余，他也会通过吟唱来抒发革命豪情，著有诗集《东曙诗草》，堪称革命诗人。虽是“余事作诗人”，但其革命情怀在艰苦颠沛、万死而争的生存发展处境中，反而得以孵育出至情至性的真诗篇。

阅读鉴赏

这首《遣怀》，是作者以旷达情怀历遍人生苦难之后，以奉献之心抒写革命志向，以爱国之情彰显斗争精神。诗歌前两句“雄心射越三千丈，未达成功哪肯休”，表达出从事革命工作的激越壮志与满腹豪情。“三千丈”极言壮志之远大，“哪肯休”直说意志之坚韧。诗人借此表达不打退敌人凶焰誓不罢休的决心与斗志。后两句“尝遍穷愁生死味，淡然过去乐无忧”，反思自己所经历过的种种人生磨难艰辛，最终抒发了旷达乐观的革命英雄主义情怀。

思考寄语

没有土壤，泰山不能成其大；没有溪流，江海不能就其深；没有千千万万革命先烈的抛头颅洒热血、前仆后继英勇牺牲，就不会有我们今天的幸福生活。抚今追昔，拳拳思情赠先烈；抚躬自问，身在福中当奋发。

4 我的“自白”书

诵读主体

任脚下响着沉重的铁镣，
任你把皮鞭举得高高，
我不需要什么自白，
哪怕胸口对着带血的刺刀！
人，不能低下高贵的头，
只有怕死鬼才乞求“自由”；
毒刑拷打算得了什么？
死亡也无法叫我开口！
对着死亡我放声大笑，
魔鬼的宫殿在笑声中动摇；
这就是我——一个共产党员的自白，
高唱凯歌埋葬蒋家王朝。

知人论世

陈然（1923—1949），原名陈崇德，河北香河县人，1939年加入中国共产党。曾任中共重庆市委领导的地下刊物《挺进报》的特别支部书记并负责《挺进报》的秘密印刷工作。1948年4月被捕，囚禁在重庆“中美特种技术合作所”，在狱中受尽各种酷刑，但他始终坚贞不屈，顽强斗争，直到1949年10月28日在重庆大坪刑场壮烈牺牲，年仅26岁。

阅读鉴赏

这是一首政治抒情短诗，是烈士临终前写于狱中的悲壮绝唱，也是面对“皮鞭”“刺刀”“死亡”用生命写下的诀别诗，表达了一个共产党员对共产主义理想的坚定信念和勇于牺牲、宁死不屈的高昂气概。

第一小节的四句诗，形象地刻画出反动派监狱中的血腥场景：沉重的铁镣，高举的皮鞭，带血的刺刀。这些用于镇压革命者的刑具都只能将诗人的肉体摧残，而无法夺走一名大义凛然的共产党员坚强的意志。“我不需要什么自白”，一句斩钉截铁的话，仿佛一颗重磅炸弹炸响，打破了敌人的幻梦。

随后，诗人用直白的言语，将自己坦荡的胸怀展现给凶残的刽子手，誓死不降的决心足以使残暴的敌人气绝。“人，不能低下高贵的头，只有怕死鬼才乞求‘自由’”。诗人把两种（卑贱与高贵）不同的人格铺于纸面，使人感觉到，他首先以共产主义信念约束自己，因而才会在监狱中保持着精神气节。在现实面前，诗人非常清楚自己的处境，反动派的毒刑拷打、威逼利诱完全失去作用之后，他们的最后一招无非是从肉体上消灭自己。但是，诗人既然已经抱定要做一个堂堂正正的硬汉，为了维护自己信仰的事业，死亡又算得了什么？“对着死亡我放声大笑，魔鬼的宫殿在笑声中动摇”，这就是诗人对待死亡的态度，他嘲笑死亡，也嘲笑敌人的无能。在嘲笑声中，“魔鬼的宫殿”在动摇，这里充满了革命乐观主义和浪漫主义色彩，更加表现出诗人昂扬的无产阶级革命精神。

结尾处，诗人坚信自己顽强的斗争正是一曲雄壮的凯歌，它预示了“蒋家王朝”的彻底灭亡，也因此把诗中高亢的情感推向了顶端。

思考寄语

诗作洋溢着共产党人的浩然正气，向人们展示了一个共产党员面对死亡坚贞不屈的革命精神风貌，充分表现了诗人大无畏的革命英雄气概。

5 安定城楼

诵读主体

迢递高城百尺楼，绿杨枝外尽汀洲。
贾生年少虚垂涕，王粲春来更远游。
永忆江湖归白发，欲回天地入扁舟。
不知腐鼠成滋味，猜意鹓雏竟未休。

知人论世

李商隐（813—858），唐代诗人。字义山，号玉溪生。怀州河内（今河南沁阳市）人。开成（唐文宗年号，836—840）进士。曾任县尉、秘书郎和东川节度使判官等职。因受“牛李”党争影响，被人排挤，潦倒终身。所作咏史诗多托古以讽时政，无题诗很有名。擅长律绝，富于文采，构思精密，情致婉曲，具有独特风格。然有用典太多，意旨隐晦之病。与温庭筠合称“温李”，与杜牧并称“小李杜”。

阅读鉴赏

李商隐进士及第后参加吏部考试时，受到朋党势力的排挤，不幸落选，失意地回到泾源。正是春风和煦、杨柳婆娑的季节，诗人登上泾源古城头——安定城楼，纵目远眺，想到朝政的混乱，腐败势力的横行，有理想和才干的人无从施展自己的抱负，心中不禁生起了哀国忧时和自伤身世的无穷感触，于是写下这首七律遣怀。

这首诗，笔力健举，风骨清峻，结构严谨，而语句变化灵活，特别在使用典故方面，非常成功。由于贾谊、王粲的身世遭遇与作者有相似之处，借他俩遭遇，暗示自己目前的心境，作者此时心情很复杂，本不可能用片言只语表达出来，他借助庄子寓言，不但足以表露他不汲汲于荣利的狷介品质，又反映他睥睨一切的精神状态，还反击了政敌的恶意中伤，如此用典，既灵活又确切，既含蓄又锐利，充分发挥了典故的功能。

思考寄语

这首诗抒发了作者虽仕途受阻，遭遇小人谗言，但并不气馁，越挫越勇的坚定信念，充分体现了作者青年时期的远大志向和奋发精神。

6 抑（节选）

诵读主体

质尔人民，谨尔侯度，用戒不虞。慎尔出话，敬尔威仪，无不柔嘉。白圭之玷，尚可磨也；斯言之玷，不可为也！

无易由言，无曰苟矣。莫扪朕舌，言不可逝矣。无言不雠，无德不报。惠于朋友，庶民小子。子孙绳绳，万民靡不承。

视尔友君子，辑柔尔颜，不遐有愆？相在尔室，尚不愧于屋漏。无曰不显，莫予云觏。神之格思，不可度思，矧可射思。

辟尔为德，俾臧俾嘉。淑慎尔止，不愆于仪。不僭不贼，鲜不为则。投我以桃，报之以李。彼童而角，实虹小子。

知人论世

《诗经》，是中国最早的一部诗歌总集，收集了西周初年至春秋中叶（公元前11—前6世纪）的诗歌，共305篇。《诗经》在内容上分为《风》《雅》《颂》三个部分。《风》是周代各地的歌谣；《雅》是周人的正声雅乐，又分《小雅》和《大雅》；《颂》是周王庭和贵族宗庙祭祀的乐歌，又分为《周颂》、《鲁颂》和《商颂》。《抑》是《诗经·大雅》中的一篇。相传为卫武公所作。全诗十二章，前三章，每章八句；后九章，每章十句。首章从“哲”与“愚”的关系说起，接着从正反两方面来作规劝讽谏。第二章指出“求贤”与“立德”的重要性。第三章转入痛切的批评。第五章至第八章，进一步说明什么是应当做的，什么是不应当做的，作者特别强调对待臣民的礼节态度和出言的谨慎不苟。第九章至末章是恳切地告诫周平王应该认真听取自己的箴规，否则将有亡国之祸。

阅读鉴赏

安定你的老百姓，谨守法度莫任性，以防祸事突然生。说话开口要谨慎，行为举止要端正，处处温和又可敬。白玉上面有污点，尚可琢磨除干净；开口说话出毛病，再要挽回也不成。

不要随口把话倾吐，不要说话随随便便。虽然没人按住舌头，一言既出难以弥补。没有出言无反应，施德总能得福禄。朋友群臣要爱护，百姓子弟多安抚。子子孙孙要谨慎，人民没有不顺服。

看你招待贵族们，和颜悦色笑盈盈，小心过失莫发生。看你独自处室内，做事无愧于神明。不要认为屋里不亮，没人看见你的美丑。神明来去难以预测，谁也无法预先知道，怎可厌倦自遭惩。

修明德行养情操，使它高尚更美好。举止谨慎行为美，仪容端正有礼貌。不犯过错不害人，很少不被人仿效。人家送给我桃子，我会回报以李子。那扎着总角的儿童，实是不明是非的混小子。

节选部分为第五至第八章。这一部分深入阐述了在礼节态度和说话做事方面应当做什么，不应当做什么，进一步体现了第二章中“求贤”和“立德”两大要务。

思考寄语

待人接物注重礼节，出言谨慎，遵从“敏于事而慎于言”的道理；人与人交往，礼尚往来，互相付出，关系才会长久。

7 己亥杂诗（其五）

诵读主体

浩荡离愁白日斜，吟鞭东指即天涯。
落红不是无情物，化作春泥更护花。

知人论世

龚自珍（1792—1841），字璱人，号定盦，浙江仁和（今杭州）人。清代诗人和思想家，改良主义的先驱者。27岁中举人，38岁中进士，曾任礼部主事等官职。他少有大志，博学多才，对时局有一种特殊的敏感性，青年时就深刻地意识到了国家的严重危机。主张革除弊政，抵制外国侵略，与同时代的魏源齐名，称为“龚魏”，曾全力支持林则徐禁除鸦片。48岁辞官南归，执教于江苏丹阳云阳书院，培养人才，49岁突患急病逝于丹阳。梁启超曾这样评价龚自珍：“晚清思想之解放，自珍确与有功焉……今文学派之开拓，实自龚氏。”他的诗文多具感时伤世的忧患意识和冲破沉闷、呼唤风雷的理想，主张“更法”“改图”，洋溢着爱国热情，想象丰富，语言瑰丽，开一代风气，被柳亚子誉为“三百年来第一流”。著有《定盦文集》、著名诗作《己亥杂诗》，共315首。

阅读鉴赏

这首诗是《己亥杂诗》的第五首，诗人将政治抱负和个人志向融为一体，将抒情和议论有机结合，形象地表达了离京的复杂情感。虽然载着“浩荡离愁”，却表示仍然要为国为民尽自己最后一份心力。

诗的前两句抒情叙事，在无限感慨中表现出豪放洒脱的气概。一方面，离别是忧伤的，毕竟自己寓居京城多年，故友如云，往事如烟；另一方面，离别是轻松愉快的，毕竟自己逃出了桎梏人的樊笼，可以到外面的世界里另有一番作为。这样，离别的愁绪就和回归的喜悦交织在一起，既有“浩荡离愁”，又有“吟鞭东指”；既有白日西斜，又有广阔天涯。这两个画面相辅相成，互为映衬，是诗人当日心境的真实写照。

诗的后两句“落红不是无情物，化作春泥更护花”，由抒发离别之情转为抒发报国之志。并反用陆游的词“零落成泥碾作尘，只有香如故”。“落红”本指脱离花枝的花，但并不是没有感情的东西，即使化作春泥，也甘愿培育美丽的春花成长。不为独香，而为护花。表现诗人虽然脱离官场，但依然关心着国家的命运，不忘报国之志，至死仍牵挂国家的一腔热情。

诗人辞去礼部主事之职，回到家乡主掌书院，聚徒讲学，把自己的学业和思想传给学生，以变革的热情和对未来的憧憬启迪他们，为国为民尽自己的最后一点力量。龚自珍曾说“诗与人为一，人外无诗，诗外无人”，他自己的创作就是最好的证明。

思考寄语

龚自珍所在的时代是一个风雨飘摇的时代，正是这样的时代，产生出这位近代史上的启蒙思想家。他意识到封建的闭关锁国政策行不通了，帝国主义的侵略更加暴露出封建主义衰朽没落的本质。在国泰民安的伟大新时代，每一位青年更要有“强国有我”的壮志与激情。

8 商山早行

诵读主体

晨起动征铎，客行悲故乡。
鸡声茅店月，人迹板桥霜。
槲叶落山路，枳花明驿墙。
因思杜陵梦，凫雁满回塘。

知人论世

温庭筠（约801—约866），唐代诗人、词人。原名岐，字飞卿，太原祁县（今山西祁县东南）人。富有天才，文思敏捷，每入试，押官韵，八叉手而成八韵，故有“温八叉”“温八吟”之称。然恃才不羁，又好讥刺权贵，多犯忌讳，取憎于时，故屡举进士不第，长被贬抑，终生不得志。官终国子助教。精通音律，诗词兼工。诗与李商隐齐名，时称“温李”。其诗辞藻华丽，其词艺术成就在晚唐诸词人之上，为“花间派”首要词人，对词的发展影响较大。在词史上，与韦庄并称“温韦”。现存诗300多首，词70余首。后人辑有《温飞卿集笺注》《金奁集》等。

阅读鉴赏

首句表现“早行”的典型情景，概括性很强。清晨起床，旅店里外已经响起了车马的铃铎声，旅客们套马、驾车之类的活动已暗含其中。第二句固然是作者讲自己，但也适用于一般旅客。“在家千日好，出外一时难。”在封建社会，一般人由于交通困难、人情淡薄等许多原因，往往安土重迁，怯于远行。“客行悲故乡”这句诗，很能够引起读者情感上的共鸣。

三、四两句，历来脍炙人口。宋代梅尧臣曾经对欧阳修说，最好的诗，应该“状难写之景如在目前，含不尽之意见于言外”。欧阳修请他举例说明，他便举出这两句和贾岛的“怪禽啼旷野，落日恐行人”，并反问道：“道路辛苦，羁愁旅思，岂不见于言外乎？”（《六一诗话》）明代李东阳进一步分析说：“二句中不用一二闲字，止提掇出紧关物色字样，而音韵铿锵，意象具足，始为难得。”“音韵铿锵”“意象具足”，是一切好诗的必备条件。李东阳把这两点作为“不用一二闲字，止提掇出紧关物色字样”的从属条件提出，很可以说明这两句诗的艺术特色。所谓“闲字”，指的是名词以外的各种词；所谓“提掇出紧关物色字样”，指的是代表典型景物的名词的选择和组合。这两句诗可分解为代表十种景物的十个名词：鸡、声、茅、店、月、人、迹、板、桥、霜。虽然在诗句里，“鸡声”“茅店”“人迹”“板桥”都结合为“定语加中心词”的“偏正词组”，但由于做定语的都是名词，所以仍然保留了名词的具体感。如“鸡声”一词，“鸡”和“声”结合在一起，完全可以唤起引颈长鸣的视觉形象。“茅店”“人迹”“板桥”，也与此类似。

古时旅客为了安全，一般都是“未晚先投宿，鸡鸣早看天”。诗人既然写的是早行，那么鸡声和月是必然要体现的。而茅店又是山区有特征性的景物。“鸡声茅店月”，把旅人住在茅店里，听见鸡声就爬起来看天色，看见天上有月，就收拾行装，起身赶路的情景有声有色地表现了出来。

同样，对于早行者来说，板桥、霜和霜上的人迹也都是有特征性的景物。作者于雄鸡报晓、残月未落之时上路，也算得上“早行”了，然而已经是“人迹板桥霜”，这真是“莫道君行早，更有早行人”啊！这两句纯用名词组成的诗句，写早行的情景宛然在目，确实称得上“意象具足”的佳句。

“槲叶落山路，枳花明驿墙”两句，写的是刚上路的景色。商县、洛南一带，枳树、槲树很多。槲树的叶片很大，冬天虽干枯，却存留枝上，直到第二年早春树枝将发嫩芽的时候，才纷纷脱落。而这时候，枳树的白花已经开放。因为天还没有大亮，驿墙旁边的白色枳花，就比较显眼，所以用了个“明”字。可以看出，诗人始终没有忘记“早行”二字。

思考寄语

旅途早行的景色，使诗人想起了昨夜在梦中出现的故乡景色：“凫雁满回塘。”春天来了，故乡杜陵，回塘水暖，凫雁自得其乐；而自己却离家日远，在茅店里歇脚，在山路上奔波。“杜陵梦”，补出了夜间在茅店里思家的心情，与“客行悲故乡”首尾照应；而梦中故乡的景色与旅途上的景色又形成鲜明的对照。眼里看的是“槲叶落山路”，心里想的是“凫雁满回塘”。“早行”之景与情，都得到了完美的表现。

9 蜂

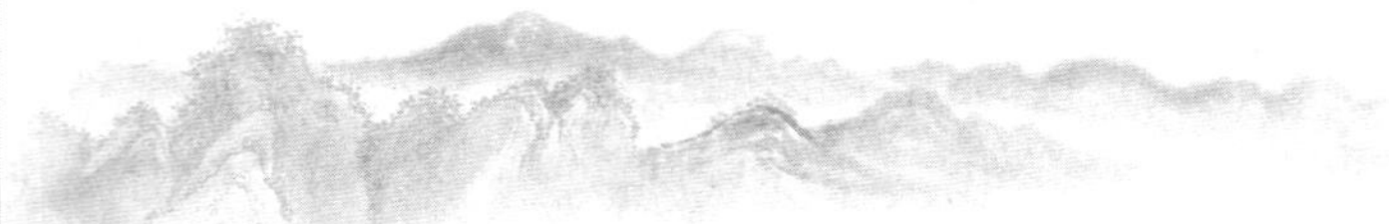

诵读主体

不论平地与山尖，
无限风光尽被占。
采得百花成蜜后，
为谁辛苦为谁甜？

知人论世

罗隐（833—910），字昭谏，杭州新城（今浙江省富阳区新登镇）人，唐代诗人。大中十三年（859）底，至京师应进士试，历7年不第。咸通八年（867）乃自编其文为《谗书》，益为统治阶级所憎恶，所以罗衮赠诗说：“谗书虽胜一名休。”后来又断断续续考了几年，总共考了十多次，自称“十二三年就试期”，最终还是铩羽而归，史称“十上不第”。黄巢起义后，避乱隐居九华山。光启三年（887），55岁时归乡依镇海军节度使钱镠，历任钱塘令、司勋郎中、给事中等职。罗隐的讽刺散文成就很高，堪称古代小品文的奇葩。收在《谗书》里的讽刺小品又都是他的“愤懑不平之言，不遇于当世而无所以泄其怒之所作”（方回《谗书》跋）。罗隐自己也认为是“所以警当世而戒将来”的（《谗书》重序）。如《英雄之言》，通过刘邦、项羽的两句所谓“英雄之言”，深刻地揭露了那些以救民于涂炭的“英雄”自命的帝王的强盗本质。最后更向最高统治者提出了警告“意彼未必无退逊之心、正廉之节，盖以视其靡曼骄崇，然后生其谋耳”。类似这样的光辉思想在罗隐的杂文中是不时流露的。《说天鸡》《汉武山呼》《三闾大夫意》《叙二狂生》《梅先生碑》等篇，也都是嬉笑怒骂，涉笔成趣，显示了他对现实的强烈批判精神和杰出的讽刺艺术才能。鲁迅在《小品文的危机》一文中对晚唐小品文在唐代文学史上的地位有非常精辟的见解。他说：“唐末诗风衰落，而小品放了光辉。但罗隐的《谗书》，几乎全部是抗争和愤激之谈；皮日休和陆龟蒙，自以为隐士，别人也称之为隐士，而看他们在《皮子文薮》和《笠泽丛书》中的小品文，并没有忘记天下，正是一塌糊涂的泥塘里的光彩和锋芒。”

罗隐在唐末五代诗名籍甚，有一些精警通俗的诗句流传人口，成为经典名言。如“时来天地皆同力，运去英雄不自由”“家财不为子孙谋”“今朝有酒今朝醉”“任是无情亦动人”等。又如讽刺小诗《雪》：“尽道丰年瑞，丰年事若何？长安有贫者，为瑞不宜多。”瑞雪兆丰年，但对贫苦的人民来说，却成了灾难。他的咏史诗《西施》也写得比较好：“家国兴亡自有时，吴人何苦怨西施。西施若解倾吴国，越国亡来又是谁？”第一句多少有一些宿命论的意味，但他反对把吴王夫差的亡国归罪于西施，的确是对传统成见的有力翻案。许多人喜欢他的《赠妓云英》一诗。《唐才子传》中有一段故事，原文如下：隐初贫来赴举，过钟陵，见营妓云英有才思。后一纪，下第过之。英曰：“罗秀才尚未脱白。”隐赠诗云：“钟陵醉别十余春，重见云英掌上身。我未成名卿未嫁，可能俱是不如人？”罗隐才高，云英色艺兼美，如何是不如人呢？只是社会没有给他们机会吧？明代屠中孚说：“若《答云英见诮》及《题新榜》二绝，真堪为之涕落。”（《刻罗江东集序》）

阅读鉴赏

此诗艺术表现上值得注意的有三点。

第一，欲夺故予，反跌有力。此诗寄意集中在末二句的感喟上，慨蜜蜂一生经营，除“辛苦”而外并无所有。然而前两句却用几乎是矜夸的口吻，说无论是平原田野还是崇山峻岭，凡是鲜花盛开的地方，都是蜜蜂的领地。这里作者运用极度的虚词——“不论”“无限”“尽”等，和无条件句式，极称蜜蜂“占尽风光”，似与题旨矛盾。其实这只是正言欲反、欲夺故予的手法，为末二句作势。俗话说：抬得高，跌得重。所以末二句对前二句反跌一笔，说蜂采花成蜜，不知究属谁有，将“尽占”二字一扫而空，表达效果就更强。如一开始就正面落笔，必不会如此有力。

第二，叙述反诘，唱叹有情。此诗采用了夹叙夹议的手法，但议论并未明确发出，而运用反诘语气道之。前二句主叙，后二句主议。后二句中又是第三句主叙，第四句主议。“采得百花”已示“辛苦”之意，“成蜜”二字已具“甜”意。但由于主叙主议不同，末二句有反复之意而无重复之感。本来反诘句的意思只是：为谁甜蜜而自甘辛苦呢？却分成两问：“为谁辛苦”“为谁甜”也反复而不重复。言下辛苦归自己、甜蜜属别人之意甚显。而反复咏叹，使人觉感慨无穷。诗人矜惜怜悯之意可掬。

第三，寓意遥深，可以两解。此诗抓住蜜蜂特点，不做作、不雕绘、不尚辞藻，虽平淡而有思致，使读者能从这则“动物故事”中若有所悟，觉得其中寄有人生感喟。有人说此诗实乃叹世人之劳心于利禄者；有人则认为是借蜜蜂歌颂辛勤的劳动者，而对那些不劳而获的剥削者以无情讽刺。两种解会似相龃龉，其实皆允。因为“寓言”诗有两种情况：一种是作者为某种说教而设喻，寓意较浅显而确定；另一种是作者怀着浓厚感情观物，使物附上人的色彩，其中也能引出教训，但“寓意”就不那么浅显和确定。如此诗，大抵作者从蜂的“故事”看到那时苦辛人生的影子，但他只把“故事”写下来，不直接说教或具体比附，创造的形象也就具有较大灵活性。而现实生活中存在着不同意义的苦辛人生，与蜂相似的主要有两种：一种是所谓“终朝聚敛苦无多，及到多时眼闭了”；一种是“运锄耕劚侵星起”而“到头禾黍属他人”。这就使读者可以在两种意义上作不同的理解。但是，随着时代的前进，劳动光荣成为普遍观念，“蜂”越来越成为一种美德的象征，人们在读罗隐这首诗的时候，自然更多地倾向于后一种解会了。可见，“寓言”的寓意并非一成不变，古老的“寓言”也会与日俱新。

思考寄语

蜂与蝶在诗人词客笔下，成为风韵的象征。然而小蜜蜂毕竟与花蝴蝶不同，它是为酿蜜而劳苦一生，积累甚多而享受甚少。诗人罗隐着眼于这一点，写出这样一则寄慨遥深的诗的“动物故事”。仅其命意就令人耳目一新。

10 寻梦者

诵读主体

梦会开出花来的，
梦会开出娇妍的花来的：
去求无价的珍宝吧。
在青色的大海里，
在青色的大海的底里，
深藏着金色的贝一枚。
你去攀九年的冰山吧，
你去航九年的瀚海吧，
然后你逢到那金色的贝。
它有天上的云雨声，
它有海上的风涛声，
它会使你的心沉醉。
把它在海水里养九年，
把它在天水里养九年，
然后，它在一个暗夜里开绽了。
当你鬓发斑斑了的时候，
当你眼睛朦胧了的时候，
金色的贝吐出桃色的珠。
把桃色的珠放在你怀里，
把桃色的珠放在你枕边，
于是一个梦静静地升上来了。

你的梦开出花来了，
你的梦开出娇妍的花来了，
在你已衰老了的时候。

知人论世

戴望舒（1905—1950），名承，字朝安，小名海山，浙江杭州人。曾用笔名梦鸥、信芳、江思等以及中国现代派象征主义诗人、翻译家等。他先后在鸳鸯蝴蝶派的刊物上发表过三篇小说：《债》《卖艺童子》《母爱》。曾经和杜衡、张天翼、施蛰存等成立了一个名为“兰社”的文学小团体，创办了《兰友》旬刊。著有诗集《我的记忆》《望舒草》等。

阅读鉴赏

《寻梦者》写于1932年11月8日，当时正值诗人赴法国留学前夕。此时，诗人早已从轰轰烈烈的社会活动中抽身出来，与施蛰存、穆时英、杜衡等专门从事文艺活动。通过艺术活动表达个人情感和各种生命体验。这时，戴望舒陷入对施蛰存的妹妹施绛年的恋爱也足有5个年头。问题在于，施绛年对戴望舒并没有相应热烈的回报。戴望舒曾经向施绛年求爱，施绛年也答应嫁给他，如戴望舒所写，“我的指上又有了纸捻的约指”（《梦都子》），但是施绛年向戴望舒提出相当苛刻的条件，要求戴望舒要取得大学以上文凭，并且有固定的收入。没有办法，戴望舒准备出国留学。在临行前，诗人写下《寻梦者》这首诗。

此诗中，诗人是这样写这个美丽的梦的：

开篇写梦的美丽、珍贵，用了“开出花来”“开出娇妍的花来”这样的句子；结尾又用了这样的句子，写梦实现时的绚丽多姿。美丽的句子回环往复，久久萦绕在人的心里，成为人们心中一个五彩斑斓的结，很难遗忘。递进的句子又很有层次地渲染了作者要表达的意思。“开出花来，开出娇妍的花来”，像画家在画一幅妍丽的画，泼洒色彩时一层层地涂上去，色彩便一层层地秾丽起来。“在青色的大海里，在青色的大海的底里”这句话中，又给人一种纵深感，一层层地潜下去，越来越深。这样简洁、反复的句子造成了波浪状的美感，让人赞叹。

色彩的运用使本诗美不胜收。“青色的大海”使人想起波涛翻滚，波浪声声；“桃色的珠”让人产生无限的遐想；“金色的贝”，绚丽夺目，令人珍爱；“鬓发斑斑”使人叹息。“金色的贝”从“青色的大海”里涌起，非常富有神话色彩；“桃色的珠”映着“鬓发斑斑”，虽然使人叹息，但同时会有一种无限的幸福感升起。诗人如此用心地运用色彩，想见对美的追寻是非常刻意的。用字的精练，产生丰厚的内涵。全诗两百余字，却叙述了一个寻梦的过程。梦的美，寻梦的艰难，找到梦后的幸福感，已经非常完整、充分地表达出来了。四个“九”字的运用，淋漓尽致地渲染了寻梦的艰难。“它有天上的云雨声”，“云雨声”一词写出了寻梦过程的艰难。“放在你怀里”“放在你枕边”，“放”是有声音的，是轻轻的、柔柔的，好像生怕弄破了、弄疼了梦。细细推敲一个一个的美词，深厚的意味就浓浓地涌上来了。梦想——人心底最深处的一种渴望，它与生俱来，永不熄灭。有梦想的人是幸福的，它是方向，是一支火炬，指引着人前进。努力追寻它，追寻的过程也是一种幸福。就像看到自己心爱的人在前方，追到他之前，必定有剧烈的心跳，这种甜蜜的感觉，一生难忘。追到梦想的人，是最幸福的人。因为他是一个幸运者，有多少人一生不能实现自己的梦想，心灵中留下永久的伤痛；他又是一个努力者，在努力耕耘的时候，充实的生活使他的心灵充满欢悦，整个人产生了一种美感。而能写出《寻梦者》这样诗歌的诗人，是能深深体会到梦的魅力的。对于他来说，捕捉、感受到人类心灵最深处的闪光点，就是一种幸福。

同时，此诗最关键的在于理解全诗的情感格调。不应该多强调诗歌的悲剧性内涵及相应的情感格调，而忽视其喜剧性情感格调。实际上，这种理解遮蔽了诗作情感内涵和情感格调的另一面，即对人生荒诞性的深刻体验及在此基础上达成的抒情主人公对自我的嘲弄。诗篇象征性地构设了三个寻梦的难度。梦的第一阶段是寻找到“金色的贝”，而要寻找到它，必须攀九年（很多年之意，下同）的冰山、航九年的旱海；梦的第二阶段是寻找到“桃色的珠”，而要寻找到它必须将“金色的贝”放在海水里养九年、放在天水里养九年；梦的第三个阶段是让梦开花，而要做到这一点，必须用整个生命。全诗整个的调子就是这样不停地矛盾、困惑，从而构成一个充满张力的复调结构。生活中，诗人对理想的追寻是失败的，但是诗人的诗歌创作却更加成熟了。

此诗是体现戴望舒现代派诗歌主张的典型范例。它推翻了以《雨巷》为代表的对外在音乐美的追求，而注重的是诗的内在情绪的律动。它也不在意诗的建筑美、绘画美，而竭力构筑诗的象征世界。如前所述，金色的贝、桃色的珠、梦之花都有象征性，象征人生理想的三个层次、三个阶段。另外，诗篇成功塑造一个艰难跋涉、追求而又对自己的艰难跋涉、追求质疑、嘲弄的现代寻梦者形象。他的形象定位及形象所处的艰难生存环境都不乏象征色彩。正是这种象征性丰富、深化了诗篇的现代性审美内涵，又具有鲜明的中国古典诗歌韵味。诗篇用了大量中国古典文学中的词汇和意象，如金色的贝、桃色的珠、青色的大海、九年的冰山、九年的旱海、天上的云雨声、海上的风涛声等。如此，诗达成中西方诗歌艺术的统一。

思考寄语

《寻梦者》是一首唱出寻梦者美丽灵魂的歌。诗中，诗人以“寻梦者自喻”，通过“做梦—寻梦—再次入梦”的描述，唱出了诗人寻求理想、憧憬光明、历经磨难、上下求索的心路历程。诗歌运用象征手法，以“金色的贝”作为象征喻体，描摹出了寻梦者追逐理想的过程，意境丰富。

寻梦者也是一个奋斗者，一个为了理想和目标而苦苦求索的人。诗人鼓励青年要勇敢地去追梦、圆梦，要做好充分的思想准备，准备经历种种的磨难，最终才能登临光辉的顶点。这是为青年擂鼓呐喊、鼓劲助威的诗，也是一首献给奋斗者的战歌。

11 泥　土

诵读主体

老是把自己当作珍珠
就时时有怕被埋没的痛苦
把自己当作泥土吧
让众人把你踩成一条道路

知人论世

鲁藜（1914—1999），原名许图地，笔名有许流浪、流云、鲁家、老鲁、司马仑等，福建同安人，七月派诗人。1934年后在上海、安徽等地从事教育及文艺工作。1938年到延安进入抗日军政大学学习。1939年到陕甘宁边区文化协会工作。1942年起在鲁迅艺术学院任教。抗战胜利后，在晋冀鲁豫文联和北方大学文学系工作。1949年后历任天津文学工作者协会主席、天津市文联副主席。出版诗集《醒来的时候》《锻炼》《时间的歌》等，散文《枪》《李村沟的故事》等。

阅读鉴赏

此诗写于1942年，发表于1945年的《希望》创刊号上。

此诗赞美了泥土的无私奉献精神，既是诗人的自勉，也是诗人对他人的善意告诫，许多人把它作为座右铭。诗歌将个人痛苦归咎于自视太高，“老是把自己当作珍珠”，所以才“时时有怕被埋没的痛苦”，只有将自己放低，自视为“泥土”，进入“无我”境界，才能减少痛苦。诗中蕴含一种反求诸己，通过自省来抑制自我的态度。这种态度与儒家用“修身”“克己”为本“致良知”的方式遥相呼应。

此诗表达了作者公而忘私的人生态度。它所阐发的是一种勇于牺牲个人利益的集体主义精神，一种富于社会责任感的人生态度。另外，此诗也反映了诗人来到延安，投入人民革命战争生活后的心理变迁。

思考寄语

《泥土》一诗赞美了泥土的无私奉献精神，宣扬了一种勇于牺牲个人利益的集体主义精神，一种富于社会责任感的人生态度。全诗语言朴素清丽，既避免了枯燥的说教，又摒弃了华丽的装饰，给人以哲理性的深思。

《泥土》这首经典作品，坚定主张明智者要以“泥土”为荣，不可自诩不凡充当闪亮的“珍珠”，其思想境界和艺术性远远高于一般的哲理诗，有着超时空的文学意义。

12 闲 情

诵读主体

弟弟从我头上，拔下发针来，很小心地挑开了一本新寄来的月刊。看完了目录，便反卷起来，握在手里。笑说："莹哥，你真是太沉默了，一年无有消息。"

我凝思地，微微答以一笑。

是的，太沉默了！然而我不能，也不肯忙中偷闲；不自然地，造作地，以应酬为目的地，写些东西。病的神慈悲我，竟赐予我以最清闲最幽静的七天。除了一天几次吃药的时间，是苦的以外，我觉得没有一时，不沉浸在轻微的愉快之中。——庭院无声。枕簟生凉。温暖的阳光，穿过苇帘，照在淡黄色的壁上。浓密的树影，在微风中徐徐动摇。窗外不时的有小鸟飞鸣。这时世上一切，都已抛弃隔绝，一室便是宇宙，花影树声，都含妙理。是一年来最难得的光阴呵，可惜只有七天！黄昏时，弟弟归来，音乐声起，静境便砉然破了。一块暗绿色的绸子，蒙在灯上，屋里一切都是幽凉的，好似悲剧的一幕。镜中照见自己玲珑的白衣，竟悄然地觉得空灵神秘。当屋隅的四弦琴，颤动地，生涩地，徐徐奏起。两个歌喉，由不同的调子，渐渐合一。由悠扬，而宛转，由高亢，而沉缓的时候，怔忡的我，竟感到了无限的怅惘与不宁。小孩子们真可爱，在我睡梦中，偷偷地来了，放下几束花，又走了。小弟弟拿来插在瓶里，也在我睡梦中，偷偷地放在床边几上。——开眼瞥见了，黄的和白的，不知名的小花，衬着淡绿的短瓶。……原是不很香的，而每朵花里，都包含着天真的友情。

终日休息着，睡和醒的时间界限，便分得不清。有时在中夜，觉得精神很圆满。——听得疾雷杂以疏雨，每次电光穿入，将窗台上的金钟花，轻淡清切地映在窗帘上，又急速地隐抹了去。而余影极分明地，印在我的脑膜上。我看见"自然"的淡墨画，这是第一次。

得了许可，黄昏时便出来疏散。轻凉袭人。迟缓的步履之间，自觉很弱，而弱中隐含着一种不可言说的愉快。这情景恰如小时在海舟上，——我完全不记得了，是母亲告诉我的，——众人都晕卧，我独不理会，颠顿的自己走上舱面，去看海。凝注之顷，不时地觉得身子一转，已跌坐在甲板上，以为很新鲜，很有趣。每坐下一次，便喜笑个不住，笑完再起来，希望再跌倒。忽忽又是十余年了，不想以弱点为愉乐的心情，至今不改。

一个朋友写信来慰问我，说："东波云'因病得闲殊不恶'，我亦生平善病者，故知能闲真是大功夫，大学问。……如能于养神之外，偶阅《维摩经》尤妙，以天女能道尽众生之病，断无不能自已其病也！恐扰清神，佘不敢及。"因病得闲，是第一慊心事，但佛经却没有看。

知人论世

冰心（1900—1999），女，原名谢婉莹，福建省福州市长乐区人，中国民主促进会（民进）成员。中国诗人，现代作家、翻译家、儿童文学作家、社会活动家、散文家。笔名冰心取自"一片冰心在玉壶"。

1919年8月的《晨报》上，冰心发表了第一篇散文《二十一日听审的感想》和第一篇小说《两个家庭》。1923年出国留学前后，开始陆续发表总名为《寄小读者》的通讯散文，成为中国儿童文学的奠基之作。在日本被东京大学聘为第一位外籍女讲师，讲授"中国新文学"课程，于1951年回国。

1999年2月28日，冰心在北京医院逝世，享年99岁。

阅读鉴赏

都市快节奏的紧张生活，几乎使闲情逸致成为一种奢望。因而，因病得闲，在冰心看来，是第一慊心事。慊（qiè），意为满足、满意。然而，如何得以满足，并非人人都知晓、都能把握的。正如冰心的那位友人在慰问信里所云：能闲真是大功夫，大学问。

《闲情》是冰心22岁时记述自己患病休闲七天的一种感受、一段心绪、一缕幽思，纤细委婉，空灵飘逸。

文章以作者弟弟翻阅新寄来的月刊，道出作者近年来文学创作持"沉默"的原委，除性格上正直、矜持，不肯为应酬而不自然、造作地写作外，主要原因是忙，不能忙中偷闲。这小节在结构上起到铺垫作用，引出因病得闲而满意之情绪。

从入大学读文科到1923年夏大学毕业赴美留学，冰心忙得连写作都不能。所以一遇上小毛小病，能有七天休假，对她来说是因祸得福、喜从天降。因此，文章一开头，她便喜滋滋地说：“病的神慈悲我，竟赐予我以最清闲最幽静的七天。”药确实是苦的，但七天的闲情却是愉快的、恬静的。

冰心能闲的“功夫”（或“学问”）来自何处？

其一，是优雅淡泊的审美情趣。冰心极其喜欢自己休闲的居住环境：庭院无声，枕簟生凉，阳光穿帘照壁，树影风中摇曳，窗外鸟儿鸣啾。这一段景色颇为幽静恬淡。整日忙得不亦乐乎的冰心，内心向往宁静闲适，与世隔绝，这幽室便是宇宙。宇宙里的她是个自由自在的人，而且又与自然融汇，因而连花影树声，都含妙理。

其二，是锐敏、细腻的情感。女性作家的感情特别纤细敏感，黄昏弟弟的到来打破幽室静境。沉浸在幽静氛围里的冰心心绪顿起变化。一块暗绿色绸子蒙在灯上，屋子幽凉，在她眼中却似悲剧的一幕。镜中照见自己玲珑的白衣，悄然觉得空灵神秘。当四弦琴奏响，由悠扬，而宛转，由高亢，而沉缓时，作者怔忡着，无限怅惘与不宁。这纤敏丰富的情趣伴和着优雅淡泊的审美趣味，可以使物以己悲，或物以己喜，喜怒哀乐，好一个多愁善感的多情女子。

其三，是慈善的童心之爱。冰心有三个可爱的弟弟，作为姐姐的她一直很爱护他们。睡梦中，弟弟们偷偷地送来一束束鲜花。这些不起眼不很香的小花，在富有爱心的姐姐眼中，每朵花里，都包含着天真的友谊。弟弟们对姐姐的爱戴，休闲中的冰心怎么会孤独寂寞呢？

其四，是丰富的艺术联想和善于偷着乐的好心情。冰心艺术想象力相当丰富，每当神思飞扬时都能敏捷地捕捉对象物编织出一幅幅秀美的画卷。明明是一个疾雷闪电疏雨的自然现象，她却看见的是“自然”的淡墨画。《闲情》本身就是艺术联想之结晶。七天居家休息的日子，在她的笔下不是一本琐碎的流水账，作者精心挑选其中几个片段，用意识的流动把它们巧妙地编织起来，乍看是逐日记事，细读却发现是七天闲情整体感受。作者犹如能工巧匠凭借她丰富的联想把断断续续的思绪或生活断面连缀成篇。另外，生病患者往往容易愁眉不展或心情焦虑烦躁，可冰心却不然，她有一个以弱点为娱乐的绝招：小时随母亲坐海舟遇风浪在甲板上跌跌撞撞的那副自得其乐的高兴劲，至今未改，拖着虚弱的病躯，在凉风袭人的黄昏里散步，那软软的、酥酥的弱中隐含着一种不可言说的愉快。这样的快乐病人，连养病休息都是件快乐的事，病体怎么不会很快地康复起来呢？

《闲情》写的是因病得闲的一段心情，但是透过这闲情，其背后是作者对人生的一种态度，而这人生态度又与她的人格与艺术修养息息相关。同时，细心的读者依稀能辨认出冰心创作关于“大自然·童真·母爱”三大母题的痕迹。

思考寄语

冰心的散文真挚婉约、清新自然，情感的自然流露也是大家深爱她作品的主要原因。读她的作品会给人以启迪，她的散文《闲情》更令人有爱不释手的感觉，闲情，忙碌世界的人们，是不是已将这个词忘在脑海里的某个角落了呢？

“病的神慈悲我，竟赐予我以最清闲最幽静的七天。”“我觉得没有一时，不沉浸在轻微的愉快之中。”因病得闲才能去领略花影树声，听得疾雷杂以疏雨，才能感受生命中那微妙的情感，听起来有些可悲，让人叹息。实际上闲情是一种心态，是一种意境，也是人生活的一种方式。

13 防微

诵读主体

穿上新鞋的人会小心翼翼地绕过泥泞，但只要他一失足弄脏了鞋子，就不再那么珍惜了。当鞋子完全脏了时，他就会不再顾忌泥泞，结果将鞋子弄得越来越脏。

同样，一个年轻人，当他与那些恶劣而放荡的事还离得远远的时候，为了保持自己一尘不染的身心，他很小心。一旦他有一两次做错了事，他就会想：“不管我多么小心，总也是免不了的。”于是他不再刻意远离恶习，慢慢地沾染上了很多不好的东西。

鞋子弄脏了就立刻清洗干净，再加倍小心；犯了错就立刻忏悔，继续加倍防范。这才是君子的做派。

知人论世

列夫·尼古拉耶维奇·托尔斯泰（1828—1910），19世纪中期俄国批判现实主义作家、思想家、哲学家。托尔斯泰出身于贵族家庭，1845年入喀山大学，1847年退学回故乡在自己领地上作改革农奴制的尝试。1851—1854年在高加索军队中服役并开始写作。1854—1855年参加克里米亚战争。1855年11月到彼得堡进入文学界。1857年托尔斯泰出国，看到资本主义社会重重矛盾，但找不到消灭社会罪恶的途径，只好呼吁人们按照“永恒的宗教真理”生活。1860—1861年，为考察欧洲教育，托尔斯泰再度出国，结识赫尔岑，听狄更斯演讲，会见普鲁东。1863—1869年托尔斯泰创作了长篇历史小说《战争与和平》。1873—1877年他经12次修改，完成其第二部里程碑式巨著《安娜·卡列尼娜》。1889—1899年托尔斯泰创作的长篇小说《复活》是他长期思想、艺术探索的总结。托尔斯泰晚年力求过简朴的平民生活，1910年10月从家中出走，11月7日病逝于一个小火车站，享年82岁。

阅读鉴赏

故事里的年轻人犯了错，就放纵自己，甚至破罐子破摔。我们应该像古语说的“勿以恶小而为之，勿以善小而不为”，即使小恶也不要去做，小恶不及时停止，就会形成极恶。人要清醒地保持操守，即使再大的诱惑，也要有道德底线，不去触碰“高压线”。

我们每个人都要记住：鞋子脏了要立即清洗，犯了错要立即悔改。知错能改，我们要从小事做起，从点滴做起。一个人做一件好事并不难，难的是一辈子做好事，如果一个人坚持做好事而不做坏事，那么，他必然会得到社会的尊重及人民的赞扬。一次关灯，一句善语，一次让座，一个微笑，都是对公共利益的贡献。小小的善举，举手之劳，并不需要我们付出很多，却能换来谅解、和睦、友谊，为社会做点事，为他人做点事，为自己做点事，美好的生活在大家的点点滴滴中创造，在持之以恒中延伸。

思考寄语

同学们，请留意你的行动，因为行动能变成习惯；请留意你的习惯，因为习惯能成为性格；请留意你的性格，因为性格能决定你的命运。

14 四宁四毋

诵读主体

宁拙毋巧，
宁丑毋媚，
宁支离毋轻滑，
宁真率毋安排。

知人论世

傅山（1607—1684），初名鼎臣，字青竹，后改名山，字青主，别号甚多。山西阳曲人。傅山的祖父中过进士、做过官，父亲是个贡生。他虽自幼聪颖过人，博闻强识，但在明朝却未考取任何功名。傅山为人耿介，青年时曾为营救身陷冤案的友人三上讼书，优阙陈情，人称义士。明亡后，傅山先是因卷入秘密反清活动被捕入狱，经友人多方营救才得以生还。出狱后的傅山，退隐山林，潜心学术研究和书画创作，二十年不见生客。康熙十八年（1679），傅山坚决拒考鸿学博士，被传为佳话。傅山推崇老庄之学，尤重庄学。后加入道教，自称为老庄之徒，自觉继承道家学派的思想文化传统。傅山是清初著名的学者，精通医术及书画。当然，最为后人称道的还是他在书法艺术上所取得的成就。

阅读鉴赏

太巧了不好，贼尖溜滑，巧言令色，这都是“巧”。“媚”就是媚态，不自觉地老要讨好人。

“轻滑”就是没主心骨，人云亦云，轻浮，抓不住他到底想要表达什么。他说东，你刚想针锋相对说西，他马上滑出去，说西也有西的道理。

“毋安排”，处心积虑地故作安排，反而会弄巧成拙，让人有搔首弄姿之嫌。

傅山所说的“宁拙，宁丑，宁支离，宁真率”，也可以归结为一句话，就是别有讨好之心。

“宁拙毋巧”，意思是说宁可字写得笨拙一些，而不去追求精细纤巧。这个“拙”是质朴老辣，如他所言，“归于大巧若拙已矣”之意。

“宁丑毋媚”，意思是写的字宁可看起来显得粗野不工，而不表现庸俗柔媚之态。这个“丑”是乱头粗服、古朴壮美，是“丑到极处，便是美到极处”“不工者，工之极也”之意。而“媚”是柔软甜熟的妖美、俗美。

“宁支离毋轻滑”，即宁可显得参差不齐，也不坠入轻佻浮滑一途。“支离”是指不整齐、错落有致之意。

我们正确理解他对书法人生的经验总结，傅山这句“四宁四毋”，历来议论颇多，对后世影响极大，阐述对书法的审美观念及艺术追求，而且涵盖为人处世的原则和道德标准，内涵哲理丰富。

思考寄语

每个人都是一个独立的个体，都有追求理想的权利与自由。人生所求，须以信念为支撑。只要信念是坚定的，又何必在乎旁人是赞还是叹。又何须畏惧途中是风还是雨。其实生活有很多种方式，选择哪种方式去生活并不重要，重要的是哪种方式的生活更容易让你找到生命的激情与动力。

15 红烛（序诗）

诵读主体

红烛啊！
这样红的烛！
诗人啊！
吐出你的心来比比，
可是一般颜色？

红烛啊！
是谁制的蜡——给你躯体？
是谁点的火——点着灵魂？
为何更须烧蜡成灰，
然后才放光出？
一误再误；
矛盾！冲突！

红烛啊！
不误，不误！
原是要“烧”出你的光来——
这正是自然的方法。

红烛啊！
既制了，便烧着！
烧罢！烧罢！
烧破世人的梦，

烧沸世人的血——
也救出他们的灵魂，
也捣破他们的监狱！

红烛啊！
你心火发光之期，
正是泪流开始之日。

红烛啊！
匠人造了你，
原是为烧的。
既已烧着，
又何苦伤心流泪？
哦！我知道了！
是残风来侵你的光芒，
你烧得不稳时，
才着急得流泪！

红烛啊！
流吧！你怎能不流呢？
请将你的脂膏，
不息地流向人间，
培出慰藉的花儿，
结成快乐的果子！

红烛啊！
你流一滴泪，灰一分心。
灰心流泪你的果，
创造光明你的因。

红烛啊！
“莫问收获，但问耕耘。”

知人论世

闻一多（1899—1946），原名闻家骅，字友三，湖北浠水人。1912年考入北京清华学校，1923年9月出版第一本新诗集《红烛》。1928年1月出版第二本诗集《死水》。在学术上，他广泛研究祖国的文化遗产，著有《神话与诗》《楚辞校补》等专著。1946年7月15日在悼念李公朴先生大会上，愤怒斥责国民党暗杀李公朴的罪行，发表了著名的《最后一次讲演》，当天下午就被国民党特务杀害。

阅读鉴赏

这首诗是闻一多第一部诗集《红烛》的序诗，作者创作这首诗时，正值黑暗势力笼罩全国的时候，在半殖民地半封建的民族灾难重压下，觉醒了的爱国青年经历了探索—奋斗—挫折—再斗争的过程。他们开始觉醒，可又没有找到正确的道路与方法，他们苦闷、彷徨，但是，他们心中燃起的烈火却从未熄灭过。

红烛在我们传统的民族习俗中多用于喜庆节日，在这首诗中，作者却赋予了它新的含义，诗人借红烛来象征自己的一颗心。他的这颗心，就是要燃烧着，为人类，为世界创造光明。

在诗的第一节中，作者就点明这种象征的含义，以后逐步展开，完成这象征意象的表达。本诗表现了诗人一度的矛盾与彷徨，“为何更须烧蜡成灰，然后才放光出？”可笔锋一转，诗人又以坚决的口吻道出了自己的信念：“红烛啊！不误，不误！原是要‘烧’出你的光来——这正是自然的方法。”由此我们可以看出作者一颗献身于祖国的火热的心。在当时的社会环境下，作者虽苦于找不到一条理想的救世之路，但对于自己所进行的奋斗却丝毫不悔。对现实的黑暗、世人的沉迷，诗人更是忧心如焚，他要以他的一颗赤诚之心打破旧的封建枷锁，唤醒沉睡在黑暗中的人民。

《红烛》是诗人内心真实的剖白，是诗人对祖国前途执着追求、献身于祖国的伟大抱负的写照。

思考寄语

作为身先士卒的民主斗士，闻一多以“烧蜡成灰”来点亮世界的红烛自比，为旧中国的有志青年做出了榜样，也为新时代的青少年如何实现人生价值指明了正确的方向。

16 《指南录》后序

诵读主体

德佑二年二月十九日，予除右丞相兼枢密使，都督诸路军马。时北兵已迫修门外。战、守、迁皆不及施。缙绅、大夫、士萃于左丞相府，莫知计所出。会使辙交驰，北邀当国者相见，众谓予一行为可以纾祸。国事至此，予不得爱身；意北亦尚可以口舌动也。初，奉使往来，无留北者，予更欲一觇北，归而求救国之策。于是，辞相印不拜，翌日，以资政殿学士行。

初至北营，抗辞慷慨，上下颇惊动，北亦未敢遽轻吾国。不幸吕师孟构恶于前，贾余庆献谄于后，予羁縻不得还，国事遂不可收拾。予自度不得脱，则直前诟虏帅失信，数吕师孟叔侄为逆，但欲求死，不复顾利害。北虽貌敬，实则愤怒，二贵酋名曰"馆伴"，夜则以兵围所寓舍，而予不得归矣。

未几，贾余庆等以祈请使诣北。北驱予并往，而不在使者之目。予分当引决，然而隐忍以行。昔人云："将以有为也。"至京口，得间奔真州，即具以北虚实告东西二阃，约以连兵大举。中兴机会，庶几在此。留二日，维扬帅下逐客之令。不得已，变姓名，诡踪迹，草行露宿，日与北骑相出没于长淮间。穷饿无聊，追购又急，天高地迥，号呼靡及。已而得舟，避渚洲，出北海，然后渡扬子江，入苏州洋，展转四明、天台，以至于永嘉。

呜呼！予之及于死者不知其几矣！诋大酋当死；骂逆贼当死；与贵酋处二十日，争曲直，屡当死；去京口，挟匕首以备不测，几自刭死；经北舰十余里，为巡船所物色，几从鱼腹死；真州逐之城门外，几彷徨死；如扬州，过瓜洲扬子桥，竟使遇哨，无不死；扬州城下，进退不由，殆例送死；坐桂公塘土围中，骑数千过其门，几落贼手死；贾家庄几为巡徼所陵迫死；夜趋高邮，迷失道，几陷死；质明，避哨竹林中，逻者数十骑，几无所救死；至高邮，制府檄下，几以捕系死；行城子河，出入乱尸中，舟与哨相后先，几邂逅死；至海陵，如高沙，常恐无辜死；道海安、如皋，凡三百里，北与寇往来其间，无日而非可死；至通州，几以不纳死；以小舟涉鲸波出，无可奈何，而死固付之度外矣！呜呼！死生，昼夜事也，死而死矣，而境界危恶，层见错出，非人世所堪。痛定思痛，痛何如哉！

予在患难中，间以诗记所遭，今存其本，不忍废，道中手自抄录。使北营，留北关外，为一卷；发北关外，历吴门、毗陵，渡瓜洲，复还京口，为一卷；脱京口，趋真州、扬州、高邮、泰州、通州，为一卷；自海道至永嘉、来三山，为一卷。将藏之于家，使来者读之，悲予志焉。

呜呼！予之生也幸，而幸生也何所为？所求乎为臣，主辱，臣死有馀僇；所求乎为子，以父母之遗体行殆，而死有余责。将请罪于君，君不许；请罪于母，母不许；请罪于先人之墓。生无以救国，死犹为厉鬼以击贼，义也；赖天之灵、宗庙之福，修我戈矛，从王于师，以为前驱，雪九庙之耻，复高祖之业，所谓“誓不与贼俱生”，所谓“鞠躬尽力，死而后已”，亦义也。嗟夫！若予者，将无往而不得死所矣。向也，使予委骨于草莽，予虽浩然无所愧怍，然微以自文于君亲，君亲其谓予何？诚不自意返吾衣冠，重见日月，使旦夕得正丘首，复何憾哉！复何憾哉！

是年夏五，改元景炎，庐陵文天祥自序其诗，名曰《指南录》。

知人论世

文天祥（1236—1283），初名云孙，字宋瑞，又字履善。自号浮休道人、文山。江南西路吉州庐陵县（今江西省吉安市青原区富田镇）人，南宋末年政治家、文学家，抗元名臣，民族英雄，与陆秀夫、张世杰并称为“宋末三杰”。

宋理宗宝祐四年（1256），21岁的文天祥中进士第一，成为状元。一度掌理军器监兼权直学士院，因直言斥责宦官董宋臣，讥讽权相贾似道而遭到贬斥，数度沉浮，在37岁时自请致仕。德祐元年（1275），元军南下攻宋，文天祥散尽家财，招募士卒勤王，被任命为浙西、江东制置使兼知平江府。在援救常州时，因内部失和而退守余杭。随后升任右丞相兼枢密使，奉命与元军议和，因面斥元主帅伯颜被拘留，于押解北上途中逃归。景炎二年（1277）再攻江西，终因势孤力单败退广东。祥兴元年（1278）卫王赵昺继位后，拜少保，封信国公。后在五坡岭被俘，押至元大都，被囚三年，屡经威逼利诱，仍誓死不屈。至元十九年（1282）农历十二月，文天祥从容就义，终年47岁。明代时追赐谥号“忠烈”。

文天祥多有忠愤慷慨之文，其诗风至德祐年间后改变，气势豪放，允称诗史。他在《过零丁洋》中所作的“人生自古谁无死？留取丹心照汗青”，气势磅礴，情调高亢，激励了后世众多为理想而奋斗的仁人志士。文天祥的著作经后人整理，被辑为《文山先生全集》。

阅读鉴赏

《〈指南录〉后序》是文天祥为其诗集《指南录》所作两篇序文之一。宋恭帝德佑二年（1276），元军进逼南宋首都临安，文天祥赴元营谈判，被拘留，押往大都，途中趁间隙逃走。《指南录》四卷，是他出使北营，被扣押北行和中途脱险，颠沛流离，到达福建福州这一历程中写下的诗歌作品，是文天祥呕心沥血记述坚持抗元经历的一部史诗。“臣心一片磁针石，不指南方不肯休。”（《扬子江》）以此名集，表示作者忠于国家，矢志不渝。

这篇后序作于宋端宗景炎元年（1276）夏五月。当时，元军大举南侵，南宋政权岌岌可危；文天祥逃归南宋，重整旗鼓，坚持抗元斗争，热切希望南宋走向“中兴”之路。于是，以激昂慷慨的语词追忆了他出使元营而被扣留逃脱南归的经历，表明对南宋王朝从一而终的忠心，表达对民族危难深深的忧患意识，并以此激励同人，昭示后人。

全文结构严谨。开始写临难受命，出使北营和辗转逃亡，以记事为主，平铺直叙，引出“将以有为”这一全文主旨。紧接着，通过17件“死事”，一气呵成，展示了奔亡的艰险，令人震撼。最后，用概括的方式说明自编诗集的经过，表达了坚持斗争的情怀。“使旦夕得正丘首，复何憾哉！复何憾哉！”沉郁悲壮，令人感奋。

文章语言质朴流畅，气势澎湃。第四段，作者不厌其烦地运用排比铺叙的手法描述自己逃出北营后从京口辗转到福州的艰难经历，连用22个“死”字，展现了与死神擦肩而过的艰辛，抒发了死里逃生的感慨。语言运用得准确生动，如“去”“经”“如”“趋”“至”“行”“道”等动词，准确地揭示了行踪，也表达了作者紧张的心情和九死一生的险恶遭际。

整篇文章，对国势衰微的忧虑与盼望民族复兴的热望交织在一起，强烈地表达了作者的爱国情怀。文天祥作为一名爱国主义者，其忠君爱国的精神永远光照汗青，名垂青史！

思考寄语

司马迁曾说过“人固有一死，或重于泰山，或轻于鸿毛”，文天祥死得其所，重于泰山。“天下兴亡，匹夫有责”，国家危难之际，他挑起了重担，这是义士之气；利诱面前，他矢志不渝，这是大忠、大善。他的躯体幻化了，然而他的民族气节却永传后世。他谱写了一个不死的神话，成为永载史册的英雄。“人生自古谁无死？留取丹心照汗青”，这是殉道者之歌。

17 墨池记

诵读主体

临川之城东，有地隐然而高，以临于溪，曰新城。新城之上，有池洼然而方以长，曰王羲之之墨池者，荀伯子《临川记》云也。羲之尝慕张芝，临池学书，池水尽黑，此为其故迹，岂信然邪？

方羲之之不可强以仕，而尝极东方，出沧海，以娱其意于山水之间。岂其徜徉肆恣，而又尝自休于此邪？羲之之书晚乃善，则其所能，盖亦以精力自致者，非天成也。然后世未有能及者，岂其学不如彼邪？则学固岂可以少哉！况欲深造道德者邪？

墨池之上，今为州学舍。教授王君盛恐其不章也，书“晋王右军墨池”之六字于楹间以揭之，又告于巩曰：“愿有记。”推王君之心，岂爱人之善，虽一能不以废，而因以及乎其迹邪？其亦欲推其事以勉其学者邪？夫人之有一能，而使后人尚之如此，况仁人庄士之遗风余思，被于来世者如何哉！

庆历八年九月十二日，曾巩记。

知人论世

曾巩（1019—1083），字子固，江西抚州南丰人，北宋文学家、史学家、政治家。曾巩为政廉洁奉公，勤于政事，关心民生疾苦，与曾肇、曾布、曾纡、曾纮、曾协、曾敦并称“南丰七曾”。曾巩文学成就突出，其文“古雅、平正、冲和”，位列唐宋八大家，世称“南丰先生”。

《墨池记》是曾巩创作的一篇散文。此文从传说中王羲之墨池遗迹入笔，巧妙机智地借题发挥，撇下“墨池”之真假不着一言，而是重点论及王羲之本人，说明王羲之的成功取决于其后天的不懈努力，顺理成章地强调了学习的重要性。全文通过记叙、议论的交替出现，显示出不断起伏的层层波澜，突出主题，实为一篇文情并茂、议论风生、结构谨严而又笔法活脱的优秀作品。

阅读鉴赏

本文名为《墨池记》，着眼点却不在“池”，而在于阐释成就并非天成，要靠刻苦学习的道理，以此勉励学者勤奋学习。文章以论为纲，以记为目，记议交错，纲目统一，写法新颖别致，见解精辟，确是难得之佳作。

本文意在写论，但发议之前，又不能不记叙与墨池有关的材料。否则，议论便无所附丽，显得浮泛，失之空洞说教。如记之过详，又会喧宾夺主，湮没题旨。故作者采用了记议结合，略记详论的办法，以突出文章的题旨。开头，大处落笔，以省俭的笔墨，根据荀伯子《临川记》所云，概括了墨池的地理位置、环境和状貌：“临川之城东，有地隐然而高，以临于溪，曰新城。新城之上，有池洼然而方以长。”同时，又根据王羲之仰慕张芝“临池学书，池水尽黑”的传说，指出墨池得名的由来。接着文章由物及人，追述王羲之退离官场的一段生活经历，突出了王羲之傲岸正直、脱尘超俗的思想。从结构上讲，“又尝自休于此邪”一语，用设问句式肯定了王羲之曾在临川学书，既与上文墨池连接起来，又为下文的议论提供了依据。随后，在记的基础上，文章转入了议：“羲之之书晚乃善，则其所能，盖亦以精力自致者，非天成也。”那么，羲之书法之所以“善”的根本原因是什么？那就是专心致志、勤学苦练的结果，而不是天生的。最后，又循意生发，引申封建士大夫的道德修养，指出“深造道德”，刻苦学习也是不可少的。就这样，正面立论，侧面申说，循意生发，一层深似一层地揭示了文章的题旨。然而，作者对题旨的开拓并未就此止步。在简略记叙州学教授王盛向他索文的经过以后，文章再度转入议论：“推王君之心，岂爱人之善，虽一能不以废，而因以及乎其迹邪？其亦欲推其事以勉其学者邪？”这虽是对王君用心的推测，实则是作者作记的良苦用心。接着，又随物赋意，推而广之，进一步议论道：“夫人之有一能，而使后人尚之如此，况仁人庄士之遗风余思，被于来世者如何哉！”作者由王羲之的善书法之技，推及“仁人庄士”的教化、德行，勉励人们不仅要有“一能”，更要刻苦学习封建士大夫的道德修养，从而把文意又引深一层。

在宋代以“记”为体裁的说理散文中，像《墨池记》这样以记为附、以议为主的写法还是不多见的。它不是在记叙之后再发议论，而是记事、议论错杂使用，浑然一体。尽管议多于记，却无断线风韵，游离意脉之弊，读来觉得浑然天成。可以说《墨池记》脱尽了他人窠臼，辟出了自家蹊径。

思考寄语

古代书法艺术家的逸事佳话很多，很动人，如练字废笔成家、洗笔洗砚染黑池水等，它们反映了书法家的刻苦与毅力。东汉张芝的草书成就极高，前人说其似春虹饮涧，落霞浮浦，笔力飞动，神变无极。张芝临池学书池水尽黑的故事曾给王羲之以启示。于是世间又有了关于王羲之的古迹，临川墨池即为其中之一。尽管古迹出于传说，但其客观影响却是有意义的。曾巩《墨池记》紧紧抓住逸事中的积极因素加以发挥，点明书圣绝非天生，而是王羲之后天刻苦学习孜孜以求的结果，我们今天读来依旧有现实意义。

18 废园外

诵读主体

晚饭后出去散步，走着走着又走到这里来了。

从墙的缺口望见园内的景物，还是一大片欣欣向荣的绿叶。在一个角落里，一簇深红色的花盛开，旁边是一座毁了的楼房的空架子。屋瓦全震落了，但是楼前一排绿栏杆还摇摇晃晃地悬在架子上。

我看看花，花开得正好，大的花瓣，长的绿叶。这些花原先一定是种在窗前的，我想，一个星期前，有人从精致的屋子里推开小窗眺望园景，赞美的眼光便会落在这一簇花上。也许还有人整天倚窗望着园中的花树，把年轻人的渴望从眼里倾注在红花绿叶上面。

但是现在窗没有了，楼房快要倾塌了。只有园子里还盖满绿色，花还在盛开。倘使花能够讲话，它们会告诉我，它们所看见的窗内的面颜、年轻的面颜，可是，如今永远消失了。花要告诉我的不止这个，它们一定要说出八月十四日的惨剧。精致的楼房就是在那天毁了的。不到一刻钟的功夫，一座花园便成了废墟了。

我望着园子，绿色使我的眼睛舒畅。废墟么？不，园子已经从敌人的炸弹下复活了。在那些带着旺盛生命的绿叶红花上，我看不出一点被人践踏的痕迹。但是耳边忽然响起一个女人的声音："陈家三小姐，刚才挖出来。"我回头看，没有人。这句话还是几天前，就是在惨剧发生后的第二天听到的。

那天中午我也走过这个园子，不过不是在这里，是在另一面，就是在楼房的后边。在那个中了弹的防空洞旁边，在地上或者在土坡上，我记不起了，躺着三具尸首，是用草席盖着的。中间一张草席下面露出一只瘦小的腿，腿上全是泥土，随便一看，谁也不会想到这是人腿。人们还在那里挖掘。远远地一个新堆成的土坡上，也是从炸塌了的围墙缺口看进去，七八个人带着悲戚的面容，对着那具尸体发愣。这些人一定是和死者相识的罢。那个中年妇人指着露腿的死尸说："陈家三小姐，刚才挖出来。"以后从另一个人的口里我知道了这个防空洞的悲惨故事。

一只带泥的腿，一个少女的生命。我不认识这位小姐，我甚至没有见过她的面颜。但是望着一园花树，想到关闭在这个园子里的寂寞的青春，我觉得心里被什么东西搔着似地痛起来。连这个安静的地方，连这个渺小的生命，也不为那些太阳旗的空中武士所宽容。两三颗炸弹带走了年轻人的渴望。炸弹毁坏了一切，甚至这个寂寞的生存中的微弱的希望。这样地逃出囚笼，这个少女是永远见不到园外的广大世界了。

花随着风摇头，好像在叹息。它们看不见那个熟悉的窗前的面庞，一定感到寂寞而悲戚罢。

但是一座楼隔在它们和防空洞的中间，使它们看不见一个少女被窒息的惨剧，使它们看不见带泥的腿。这我却是看见了。关于这我将怎样向人们诉说呢？

夜色降下来，园子渐渐地隐没在黑暗里。我的眼前只有一片黑暗。但是花摇头的姿态还是看得见的。周围没有别的人，寂寞的感觉突然侵袭到我的身上来。为什么这样静？为什么不出现一个人来听我愤慨地讲述那个少女的故事？难道我是在梦里？

脸颊上一点冷，一滴湿。我仰头看，落雨了。这不是梦。我不能长久立在大雨中，我应该回家了。那是刚刚被震坏的家，屋里到处都漏雨。

知人论世

巴金（1904—2005），现代作家，翻译家。原名李尧棠，字芾甘。1927—1928年他旅法期间，在巴黎创作第一部长篇小说《灭亡》。1928年底他回国，从事文学创作和编辑工作。抗战前的作品主要有《爱情三部曲》（《雾》《雨》《电》）、《激流三部曲》（《家》《春》《秋》），以及短篇小说集《复仇》《光明》等。抗日战争期间，巴金的主要作品有长篇小说《火》《寒夜》。新中国成立后，巴金历任中国作协副主席、上海作协主席、中国作协主席等职。新时期出版的《随想录》《探索与回忆》等，具有极高思想价值与艺术价值，是新时期文学最重要的收获之一。巴金于1982年获意大利但丁文学奖，1983年获法国荣誉勋章。

阅读鉴赏

赏析这篇小品文，写的是一个少女在防空洞中被敌机轰炸窒息而死的惨剧。文章保持着作者的一贯风格，叙述委婉真挚，感情深沉热烈，倾注着作者对无辜少女的不尽同情和对侵略者的切齿愤怒。

情感是艺术的灵魂，但在作品中情绪的抒发和表现，又应该是艺术的。在本文中，作者在倾吐自己沉痛而寂寞的情怀时，先是用充满蓬勃生机的园景作为反衬。精致的花园被飞机炸弹摧毁了，而废园中的花木虽经蹂躏，却并未凋零，叶仍那么绿，花仍那么红，显示着旺盛的生命力。然而，曾生活在这园中的年轻的生命呢？却已经委于泥土了，这一枯一荣，更加衬托出少女之死的惨烈和作者心中的哀痛。

同时，作者没有更多追述事件经过本身，而是着意描写那少女未被草席遮着的带泥的腿，再三重复那女人的感叹："陈家三小姐，刚才挖出来。"这两个细节描写造成了一种单纯而又强烈的艺术效果——仿佛那少女带泥的腿就在我们眼前，那女人的感叹就萦绕在我们耳际，拂之久久不去。由此，可以推想出它给予作者的感觉和印象该是如何深刻，那心头的哀痛该是如何沉重。

在此基础上，作者又进一步展开了对少女的寂寞情怀的深层开掘。他悬想，那少女同那时多少大家庭的年轻女子一样，被囚禁在精致却狭小的笼子里，挨着寂寞的青春，她渴望着园外那活泼而充实的人生。然而，这微茫的希望竟来不及实现，就这样去了，她是怀着一颗孤寂的心死去的，"这样地逃出囚笼，这个少女是永远见不到园外的广大世界了"。也可以说，她肉体的消亡，并不意味着心灵的解脱。这层悬想，把对日本侵略者的痛恨和对封建压迫的揭露糅合起来，既突出了少女之死的悲剧性，又增强了文章的情感力度。

然而，作者情犹未尽，仿佛是少女的寂寞感染了作者。为了减轻这悲痛、这寂寞，他向世人，也向自己的心灵大声疾呼："为什么这样静？为什么不出现一个人来听我愤慨地讲述那个少女的故事？难道我是在梦里？"作者写作的当时，置身在为一片沉滞压抑的空气所笼罩的国统区，不难想象，他的悲愤和郁怒，同时包含着对国民党统治者的不满和愤懑。

作为一篇抒情小品，本文表现了作者高超的散文艺术技巧。它把叙事、写景和抒情紧密结合起来，叙述真挚委婉，描写简洁生动，抒情真切自然，对比映衬，虚实相生，细腻而又酣畅地抒发了作者的一腔痛惜和愤怒之情。

思考寄语

《废园外》记述的是抗战时期昆明百姓的生活，也是作者于1941年在昆明期间听到、看到、感受到的一段真实“故事”。昆明遭到日本飞机轰炸，一座精致的小楼被毁，一个长期居住在小楼内的美丽少女被炸死。文章揭露了日本军国主义的罪行，同时，也流露出对旧中国妇女命运的关注，充分体现了巴金式的人道主义精神。

19 我有一个梦想

诵读主体

一百年前，一位伟大的美国人签署了《解放黑奴宣言》，今天我们就是在他的雕像前集会。这一庄严宣言犹如灯塔的光芒，给千百万在那摧残生命的不义之火中受煎熬的黑奴带来了希望。它之到来犹如欢乐的黎明，结束了束缚黑人的漫漫长夜。

然而一百年后的今天，我们必须正视黑人还没有得到自由这一悲惨的事实。一百年后的今天，在种族隔离的镣铐和种族歧视的枷锁下，黑人的生活备受压榨；一百年后的今天，黑人仍生活在物质充裕的海洋中一个穷困的孤岛上；一百年后的今天，黑人仍然蜷缩在美国社会的角落里，并且，意识到自己是故土家园中的流亡者。今天我们在这里集会，就是要把这种骇人听闻的情况公之于众。

就某种意义而言，今天我们是为了要求兑现诺言而汇集到我们国家的首都来的。我们共和国的缔造者草拟宪法和独立宣言时，曾以气壮山河的词句向每一个美国人许下了诺言，他们承诺给予所有的人以不可剥夺的生存、自由和追求幸福的权利。

就有色公民而论，美国显然没有实践她的诺言。美国没有履行这项神圣的义务，只是给黑人开了一张空头支票，支票上盖上“资金不足”的戳子后便退了回来。但是我们不相信正义的银行已经破产，我们不相信，在这个国家巨大的机会之库里已没有足够的储备。因此今天我们要求将支票兑现——这张支票将给予我们宝贵的自由和正义的保障。

我们来到这个圣地也是为了提醒美国，现在是非常急迫的时刻。现在绝非侈谈冷静下来或服用渐进主义的镇静剂的时候。现在是实现民主的诺言的时候。现在是从种族隔离的荒凉阴暗的深谷攀登种族平等的光明大道的时候，现在是向上帝所有的儿女开放机会之门的时候。

如果美国忽视时间的迫切性和低估黑人的决心，那么，这对美国来说，将是致命伤。自由和平等的爽朗秋天如不到来，黑人义愤填膺的酷暑就不会过去。1963年并不意味着斗争的结束，而是开始。有人希望，黑人只要撒撒气就会满足；如果国家安之若素，毫无反应，这些人必会大失所望的。黑人得不到公民的权利，美国就不可能有安宁或平静；正义的光明的一天不到来，叛乱的旋风就将继续动摇这个国家的基础。

但是对于等候在正义之宫门口的心急如焚的人们，有些话我是必须说的。在争取合法地位的过程中，我们不要采取错误的做法。我们不要为了满足对自由的渴望而抱着敌对和仇恨之杯痛饮。我们斗争时必须永远举止得体，纪律严明。我们不能容许我们的具有崭新内容的抗议蜕变为暴力行动。我们要不断地升华到以精神力量对付物质力量的崇高境界中去。

现在黑人社会充满着了不起的新的战斗精神，但是我们却不能因此而不信任所有的白人。因为我们的许多白人兄弟已经认识到，他们的命运与我们的命运是紧密相连的，他们今天参加游行集会就是明证；他们的自由与我们的自由是息息相关的。我们不能单独行动。

当我们行动时，我们必须保证向前进。我们不能倒退。现在有人问热心民权运动的人：“你们什么时候才能满足？”

只要黑人仍然遭受警察难以形容的野蛮迫害，我们就绝不会满足。

只要我们在外奔波而疲乏的身躯不能在公路旁的汽车旅馆和城里的旅馆找到住宿之所，我们就绝不会满足。

只要黑人的基本活动范围只是从少数民族聚居的小贫民区转移到大贫民区，我们就绝不会满足。

只要密西西比仍然有一个黑人不能参加选举，只要纽约有一个黑人认为他投票无济于事，我们就绝不会满足。

不！我们现在并不满足，我们将来也不满足，除非正义和公正犹如江海之波涛，汹涌澎湃，滚滚而来。

我并非没有注意到，参加今天集会的人中，有些受尽苦难和折磨，有些刚刚走出窄小的牢房，有些由于寻求自由，曾在居住地惨遭疯狂的迫害和打击，并在警察暴行的旋风中摇摇欲坠。你们是人为痛苦的长期受难者。坚持下去吧，要坚决相信，忍受不应得的痛苦是一种赎罪。

让我们回到密西西比去，回到亚拉巴马去，回到南卡罗来纳去，回到佐治亚去，回到路易斯安那去，回到我们北方城市中的贫民区和少数民族居住区去，要心中有数，这种状况是能够也必将改变的。我们不要陷入绝望而不可自拔。

朋友们，今天我对你们说，在现在和未来，我们虽然遭受种种困难和挫折，我仍然有一个梦想。这个梦想是深深扎根于美国的梦想中的。

我梦想有一天，这个国家会站立起来，真正实现其信条的真谛："我们认为这些真理是不言而喻的——人人生而平等。"

我梦想有一天，在佐治亚的红山上，昔日奴隶的儿子将能够和昔日奴隶主的儿子同席而坐，共叙兄弟情谊。

我梦想有一天，甚至连密西西比州这个正义匿迹，压迫成风的地方，也将变成自由和正义的绿洲。

我梦想有一天，我的四个孩子将在一个不是以他们的肤色，而是以他们的品格优劣来评价他们的国度里生活。

我今天有一个梦想。

我梦想有一天，亚拉巴马州能够有所转变，尽管该州州长现在仍然满口异议，反对联邦法令，但有朝一日，那里的黑人男孩和女孩将能与白人男孩和女孩情同骨肉，携手并进。

我今天有一个梦想。

我梦想有一天，幽谷上升，高山下降，坎坷曲折之路成坦途，圣光披露，满照人间。

这就是我们的希望。我怀着这种信念回到南方。有了这个信念，我们将能从绝望之岭劈出一块希望之石。有了这个信念，我们将能把这个国家刺耳的争吵声，改变成为一支洋溢手足之情的优美交响曲。

有了这个信念，我们将能一起工作，一起祈祷，一起斗争，一起坐牢，一起维护自由；因为我们知道，终有一天，我们是会自由的。

在自由到来的那一天，上帝的所有儿女们将以新的含义高唱这支歌："我的祖国，美丽的自由之乡，我为您歌唱。您是父辈逝去的地方，您是最初移民的骄傲，让自由之声响彻每个山岗。”

如果美国要成为一个伟大的国家，这个梦想必须实现。让自由之声从新罕布什尔州的巍峨的崇山峻岭响起来！让自由之声从纽约州的崇山峻岭响起来！让自由之声从宾夕法尼亚州阿勒格尼山的顶峰响起来！

……

知人论世

马丁·路德·金（1929—1968），美国牧师、社会活动家、黑人民权运动领袖。马丁·路德·金毕生致力于用非暴力手段追求种族平等，曾在1964年获得诺贝尔和平奖。1968年4月4日，马丁·路德·金在田纳西州一家汽车旅馆遇刺。马丁·路德·金逝世后，分别在1977年和2004年被美国前总统杰拉尔德·福特和国会追赠“总统自由勋章”和“国会金质奖章”。

阅读鉴赏

马丁·路德·金在演讲词中善于运用多种修辞手法来增强演讲的文采和艺术感染力。该演讲意在改变当时美国黑人的悲惨现状，演讲词中观点鲜明、逻辑性强，演讲者运用了排比、比喻和对比等多种修辞手法，来鼓舞听众情绪，唤起观众共鸣。

《我有一个梦想》朗朗上口、铿锵有力，为了增强语势，使演说更有说服力和号召力，马丁·路德·金在演讲中使用了大量的平行结构。其中，该演讲的标志性语段就是通过使用平行结构实现的。马丁·路德·金在演讲的后半部分以6个“我梦想有一天”构成，这6个句子层层推进，把梦想实现的范围从大到小层层缩进，从国家开始，到佐治亚山脉，到密西西比州，到身边的孩子，极具号召力和感染力，真挚地表达了包括他在内的黑人对自由、平等和美好未来的渴望、期盼与向往，把听众的情绪一次又一次地推向高潮。同时，在演讲接近尾声时，演讲者借助多个“让自由之声……”的祈使句排比结构号召在场的听众积极投身到追求自由和平等的民权运动中，语势强劲，感情奔放，令人听罢精神振奋，情绪激昂。

这篇演讲词的逻辑非常严密。文章一开始，马丁·路德·金就以形象生动的语言阐述了此次游行的起因和目的。他从一百年前林肯签署《解放黑奴宣言》讲起，自然而然地引到黑人生活的现状：黑人仍然生活在种族隔离和种族歧视的镣铐和枷锁下，不仅物质上极度贫困，而且精神上备受屈辱，虽然生活在自己的家园，却像流亡者一样缺少归宿和安全感。正因如此，民权组织组织了这次盛大的游行，要求“兑现诺言”，争取民权和自由。这是宪法所赋予黑人的正当权利，是正义的、是合理合法的。

紧接着，作者提醒美国政府，正是“兑现诺言”的最佳时机，改善黑人的生存现状已到了刻不容缓的时候。如果忽视了时间的迫切性，低估黑人争取正当权利的决心，将会给美国带来致命伤，“叛乱的旋风就将继续动摇这个国家的基础”。

此外，作者也反过来提醒黑人同胞，一定要注意斗争的方式和策略。马丁·路德·金深受印度圣雄甘地非暴力思想的影响，主张用和平的方式争取正当权利，反对“以暴易暴”。主张“不要为了满足对自由的渴望而抱着敌对和仇恨之杯痛饮”，而应当用包容、忍耐和博爱的精神来对抗仇恨。在不同的场合，他反复谈到，黑人的斗争决不可出现暴力，“尽管我们受到不公正的待遇，对我们的白人兄弟决不可怀恨在心，而应停止憎恨”。可以说正是马丁·路德·金的这种思想，为后来黑人民权运动奠定了成功的基础。

因为是面对黑人同胞演讲，马丁·路德·金在这一场合必须鼓舞同胞士气，帮助他们树立信念和理想，团结他们共同前进。接下来的几段，马丁·路德·金用一系列气势磅礴的排比句，表达了黑人民权运动的目标，以及对黑人同胞的深切希望。那就是斗争一定要彻底，每个人都要有顽强的斗争精神和韧劲，无论在怎样艰难的环境和痛苦的遭遇中都要坚持下去。他充满激情地呼吁大家回到那些最冥顽不化的地方，坚持战斗，不要绝望，胜利的一天一定会到来的。

最后一部分是全文的高潮。作者连用六句“我梦想有一天”，以诗一样的语言和酣畅淋漓的排比句式，从正面表达了对自由和平等的渴望，抒发了他作为一个黑人内心最热烈的梦想。他呼吁种族平等、人格尊严和兄弟般的情谊能早日到来！他呼吁自由与平等在美国的各个角落都能得到实现！这几段文字情感充沛，文采斐然，犹如长江大河，一泻千里，不可阻挡，具有极强的感染力。

这篇演讲词之所以感人，是因为它饱含激情。作者从“结束了束缚黑人的漫漫长夜”的期待开始，到对一百年之后黑人现状的失望，到要求政府兑现“支票”的义正词严，再到“我有一个梦想”的热烈憧憬，其间无不充满着作者悲愤而热烈的情感。

思考寄语

《我有一个梦想》是马丁·路德·金在美国黑人受种族歧视和迫害由来已久的背景下，为了推动美国国内黑人争取民权的斗争进一步发展而进行的演说。正因为作者饱含深情，而且在演讲中把梦幻、心曲和圣歌联系起来，使演讲如交响乐一般在听众耳中回荡，使听众的情绪受到感染并得以升华，产生了极强的号召力。而这正是演讲成功的必要条件。

致福成义 礼达四方

1 《论语·季氏》一则

诵读主体

陈亢问于伯鱼曰："子亦有异闻乎？"

对曰："未也。尝独立，鲤趋而过庭。曰：'学《诗》乎？'对曰：'未也。''不学《诗》，无以言。'鲤退而学《诗》。他日，又独立，鲤趋而过庭。曰：'学《礼》乎？'对曰：'未也。''不学《礼》，无以立。'鲤退而学《礼》。闻斯二者。"

陈亢退而喜曰："问一得三，闻《诗》，闻《礼》，又闻君子之远其子也。"

知人论世

详见本册《季氏将伐颛臾》的知人论世部分。

阅读鉴赏

本章记录的是孔子弟子陈亢（gāng）和孔子儿子伯鱼的一段对话。陈亢，字子禽，位列孔子77位弟子（司马迁《史记·仲尼弟子列传》记载"孔子曰'受业身通者七十有七人'，皆异能之士也"）中第68位。陈亢为宰时，施德政于民，颇受后人好评。孔鲤，字伯鱼，孔子唯一的儿子。孔鲤出生时，鲁君送了一条鲤鱼以示祝贺。孔子为了感念君恩，给儿子取名鲤，字伯鱼。孔鲤一生虽无建树，但他遵礼守纪，胸襟豁达，"伯鱼"一词也被后世用作对别人儿子的美称。

陈亢向伯鱼问道："你在老师那里得到了与众不同的教诲吗？"伯鱼回答说："没有。他曾经独自站在那里，我快步走过庭中，他说：'学《诗》了吗？'我回答说：'没有。'他说：'不学《诗》，就不会应对说话。'我退回后就学《诗》。另一天，他又独自一人站着，我快步走过庭中，他说：‘学《礼》了吗？’我回答说：‘没有。’他说：‘不学《礼》，就没法立足于社会。’我退回后就学《礼》。我只听到过这两次教诲。”陈亢回去后高兴地说：“问一件事，知道了三件事，知道要学《诗》，知道要学《礼》，又知道君子不偏私自己的儿子。”

这就是“孔鲤过庭”的典故，故事言简意赅而不失生动活泼。诗和礼是孔子教育学生的必修科目，孔子以身作则，以“诗礼传家”，他对自己的独生子孔鲤的教育也是从这两点入手。因此，后人把“父教”也称为“庭训”或“庭闻”，用“鲤庭”表示教育的场所。“问一得三”这个成语也来源于此，形容求之者少而得之者多。

思考寄语

“孔鲤过庭”的典故给我们颇多启示：知道了诗教和礼教是孔子教育思想的重要内容；学《诗》，有助于增强语言表达能力；学《礼》，则是一个人立身处世的根本。我们还知道，孔子做人做事光明磊落，公正无私，不偏私其子，很受人们的信任和尊重。

除非一个年轻人自觉去履“道”，否则没有一个教师能强迫他去求“道”，所以孔子建议学《诗》、学《礼》来协调自身的基本情感，实现自我修养，这也是我们年轻人的必修课。

2 大学（节选）

诵读主体

大学之道，在明明德，在亲民，在止于至善。知止而后有定，定而后能静，静而后能安，安而后能虑，虑而后能得。物有本末，事有终始。知所先后，则近道矣。

古之欲明明德于天下者，先治其国；欲治其国者，先齐其家；欲齐其家者，先修其身；欲修其身者，先正其心；欲正其心者，先诚其意；欲诚其意者，先致其知；致知在格物。物格而后知至，知至而后意诚，意诚而后心正，心正而后身修，身修而后家齐，家齐而后国治，国治而后天下平。自天子以至于庶人，壹是皆以修身为本。

其本乱而末治者，否矣。其所厚者薄，而其所薄者厚，未之有也！

知人论世

曾子（公元前505—前435），姒姓，曾氏，名参（学术界有两种说法，一读“shēn”，一读“cān”），字子舆，鲁国南武城（今山东平邑，一说山东嘉祥）人。春秋末年思想家，儒家大家，孔子晚年弟子之一，儒家学派的重要代表人物，夏禹后代。其父曾点，字皙，七十二贤之一。曾子师从孔子，积极推行儒家主张，传播儒家思想。曾参上承孔子之道，下启思孟学派，对孔子的儒学学派思想既有继承，又有发展和建树。曾参以他的建树，终于走进大儒殿堂，与孔子、颜子（颜回）、子思、孟子比肩共称为“五大圣人”。

曾子倡导以“孝恕忠信”为核心的儒家思想，“修齐治平”的政治观，“内省慎独”的修养观，“以孝为本”的孝道观，至今仍具有极其宝贵的社会意义和实用价值。曾子参与编制了《论语》，撰写《大学》《孝经》《曾子十篇》等作品。周考王六年（前435）去世，享年71岁。曾子在儒学发展史上占有重要的地位，后世尊为“宗圣”，成为配享孔庙的“四配”之一，仅次于“复圣”颜渊。

曾子著作《大学》，开宗明义提出了三纲（明德、亲民、止于至善）、八目（格物、致知、正心、诚意、修身、齐家、治国、平天下），构成了一套完整的封建伦理道德的政治哲学体系。

阅读鉴赏

大学的宗旨，在于弘扬光明正大的品德，在于学习和应用于日常生活当中，在于使人人达到最完善的境界。知道应达到的境界才能够志向坚定，志向坚定才能够镇静不躁，镇静不躁才能够心神安定，心神安定才能够思虑周详，思虑周详才能够有所收获。每样东西都有根本有枝末，每件事情都有开始有终结。明白了事物的先后顺序，那就接近事物发展的规律了。古代那些想要在天下弘扬光明正大品德的人，先要治理好自己的国家；想要治理好自己的国家，先要管理好自己的家庭和家族；想要管理好自己的家庭和家族，先要修养自身的品性；想要修养自身的品性，先要端正自己的心思；想要端正自己的心思，先要使自己的意念真诚；想要使自己的意念真诚，先要使自己获得知识；获得知识的途径在于认识、研究万事万物的内在规律。通过对万事万物的认识、研究后，才能获得知识，获得知识后意念才能真诚，意念真诚后心思才能端正，心思端正后才能修养品性，品性修养后才能管理好家庭和家族，管理好家庭和家族后才能治理好国家，治理好国家后天下才能太平。上至一国天子，下至平民百姓，人人都要以修养品性为根本。若这个根本被扰乱了，家庭、家族、国家、天下要治理好是不可能的。该重视的不重视，不该重视的却加以重视，没有这样的道理。

《大学》开宗明义提出了三纲（明德、亲民、止于至善）、八目（格物、致知、正心、诚意、修身、齐家、治国、平天下），构成了一套完整的封建伦理道德的政治哲学体系。

《大学》中的“齐家”“治国”“平天下”，看起来平平几个字却蕴含着大道理，要想做到这些就应该注重自身的修养和内心的诚实，以及拥有渊博的知识。我们注重自身的修养和内心的诚实，拥有渊博的知识，难道还怕不能齐家、治国、平天下吗？

思考寄语

年轻的我们，是中华民族5 000年灿烂文化的继承者和发扬者，一定要牢固树立文化自信，积极弘扬传统文化，用其滋养我们的心灵，启迪我们的智慧。如此“格物、致知、正心、诚意、修身”，将来才能“齐家、治国、平天下”，方不负我们生逢盛世的荣光。

3 礼论（节选）

诵读主体

礼起于何也？曰：人生而有欲，欲而不得，则不能无求，求而无度量分界，则不能不争。争则乱，乱则穷。先王恶其乱也，故制礼义以分之，以养人之欲，给人之求。使欲必不穷于物，物必不屈于欲。两者相持而长，是礼之所起也。

礼有三本：天地者，生之本也；先祖者，类之本也；君师者，治之本也。无天地，恶生？无先祖，恶出？无君师，恶治？三者偏亡，焉无安人。故礼，上事天，下事地，尊先祖而隆君师，是礼之三本也。

凡礼，始乎棁，成乎文，终乎悦校。故至备，情文俱尽；其次，情文代胜；其下，复情以归大一也。天地以合，日月以明；四时以序，星辰以行；江河以流，万物以昌；好恶以节，喜怒以当；以为下则顺，以为上则明；万变不乱，贰之则丧也。礼岂不至矣哉！立隆以为极，而天下莫之能损益也。本末相顺，终始相应；至文以有别，至察以有说。天下从之者治，不从者乱；从之者安，不从者危；从之者存，不从者亡。小人不能测也。

知人论世

荀子（公元前313—前238），名况，字卿，战国末年赵国人。因避西汉宣帝刘询讳，称孙卿，著名思想家、文学家、政治家，儒家代表人物之一，时人尊称“荀卿”。其曾三次任齐国稷下学宫的祭酒，后为楚兰陵（今山东兰陵）令。荀子对儒家思想有所发展，提倡性恶论，对重整儒家典籍也有相当的贡献。

荀子弟子很多，韩非、李斯和汉初传《诗》的浮丘伯都出其门下。荀子尊崇孔子，又广泛地汲取各家学说的精华，成为先秦百家之学的总结者。

《荀子》全书共32篇，是他和弟子们整理或记录他人言行的文字。其中《君子》《大略》《宥坐》《子道》《法行》《哀公》《尧问》7篇，或系门人弟子所记，其他皆为荀子自著。

《礼论》是荀子著作中最重要的一篇，系统论述了“礼”的起源、内容和作用。篇中关于具体礼制的论述十分丰富，对我们了解古代的礼制具有重要的价值。

阅读鉴赏

荀子认为，人生下来就有欲望，欲望得不到满足，便会不断追求，追求如果没有分寸和界限，就不免发生争夺，争夺便会发生混乱，混乱便会导致无法收拾。先王为避免这种混乱，所以就制定了“礼”来加以约束，用来养护人们的恰当愿望，满足人们的恰当追求。使欲望不因为物的数量少而感到压抑，使物和欲二者相互协调地增长，乃是礼之所以兴起的原因。

荀子认为，礼有三个本源：天地，是生命的本源；先祖，是族类的本源；师长，是治理国家的本源。没有天地，生命从何而来？没有先祖，我们从何而来？没有师长，国家如何得到治理？三者缺一方面，人们就没法得到安宁。所以礼，上是用来祭祀天的，下是用来祭祀地的，也是表示对祖先和君师的尊重，是礼仪的三个根本。

荀子认为礼的发展是有过程的，但这个“礼”主要是指礼仪形式。一种礼仪形式，开初是很简略的，几乎没有什么特定的操作规定，即未加文饰；后来，经过加工文饰，才成为成熟的礼仪制度；最后则更进一步，发展到人参与此礼仪时会产生一种心驰神往的畅快感。所以最初的礼仪其实也是很好的，因为它使人的内心情感和礼节仪式结合得十分和谐，最完备的礼是其形式尽善尽美地代表了人的情感。

圣人把高度成熟的礼制作为人行事的最高准则，天下没有谁能够再对它加以增减了。所以天下遵循它的国家就得以大治，不遵循它的国家就总是长年混乱；遵循它的国家就安定团结，不遵循它的国家就危机四伏；遵循它的人就能存在发展，不遵循它的人就会走向灭亡。对于礼的这些作用，小人是估量不到的。

思考寄语

荀子的“礼论”作为先秦时代较为完备且充实的礼学思想，对于“礼”的本质有着透彻而精到的见解。他的礼学思想所具有的特别意义在于纠正了中国文化长期以来重视自觉而忽视自愿的偏向，强调社会规范建设必须重视自觉与自愿、情与理的统一，这对于现在的我们，具有尤为重要的意义。文化的重思还要继续，规范和建设不能停歇，荀子的“礼论”不失为一种重要的、必要的阅读范本。

4 君子行

诵读主体

君子防未然，不处嫌疑间。
瓜田不纳履，李下不正冠。
嫂叔不亲授，长幼不比肩。
劳谦得其柄，和光甚独难。
周公下白屋，吐哺不及餐。
一沐三握发，后世称圣贤。

知人论世

曹植（192—232），字子建，沛国谯（今安徽省亳州市）人，是曹操与武宣卞皇后所生第三子，生前曾为陈王，谥号“思”，因此又称陈思王。

曹植是三国时期曹魏著名文学家，建安文学的代表人物。其代表作有《洛神赋》《白马篇》《七哀诗》等。后人因其文学上的造诣将他与曹操、曹丕合称为“三曹”。其诗以笔力雄健和词采华美见长，留有集30卷，已佚，今存《曹子建集》为宋人所编。曹植的散文同样具有“情兼雅怨，体被文质”的特色，加上其品种的丰富多样，使他在这方面也取得了卓越的成就。南朝宋文学家谢灵运有“天下才有一石，曹子建独占八斗”的评价。《诗品》的作者钟嵘也赞曹植“骨气奇高，词采华茂，情兼雅怨，体被文质，粲溢今古，卓尔不群”。清初文学家王士祯将其与李白、苏轼并论，为汉魏以来二千年间诗家之“仙才”。

阅读鉴赏

诗文开篇立论，君子应该防患于未然，不要让自己身处嫌隙之中，被人猜疑。《周易·既济》中云：“君子以思患而豫防之。”意思是说，君子要在祸患发生之前就事先防备，“不处嫌疑间”也是一种防患的行为。君子应该防患于未然，不将自己置身在容易引起嫌疑的处境中。

接下来四句，用四个例子说明如何“不处嫌疑间”。第一个事例是不要在瓜田旁弯下身去提鞋，因为这种行为容易被人猜疑是在偷摘田里的瓜。第二个事例是不要在李子树下整理自己的帽子，因为这种行为容易被人当作在偷摘树上的李子，这两句诗也是成语“瓜田李下”的出处。第三个事例是说叔嫂间不应亲手传受物品，在古代，此举不合礼法，《孟子·离娄上》记载：“淳于髡曰：‘男女授受不亲，礼与？’孟子曰：‘礼也。’”第四个事例写长幼不能并肩而坐或并肩而行，也是古代礼法的一种，意指要长幼有序、尊卑分明。

最后发出感叹：勤劳谦恭总是有迹可循、有矩可依的，但是想要做到才华内敛、不露锋芒却比独处时约束自己还难。古人有沉默是金的思想看法，并认为君子应该是低调不张扬的，《周易·系辞下》有“君子藏器于身，待时而动”的说法，《菜根谭》中也有“君子之才华，玉韫珠藏，不可使人易知”的语句。

诗文最后四句则是以周公为例，来说明真正的君子是什么样的：周公姬旦礼贤下士，多次吐出口内食物来不及吃饭，洗头的时候三次握住湿漉漉的头发，只是为了出来接待来访的贤士，所以后世人将周公称为圣贤之人。

其实细究诗文前后，不难发现，周公之事例与前文君子论之文略有差异，前面写的是君子的行为准则，而周公四句的核心与重点却是礼贤下士，曹操在《短歌行》中曾写下“周公吐哺，天下归心”，以周公自比，此处曹植也是如此。

为何以周公自比呢？这就要说到周公吐哺以外的事迹了，周公本名姬旦，是周文王之子，周武王之弟，为人孝顺、忠厚、仁爱。武王即位后，周公用心辅弼，先后两次辅佐武王东征伐纣。反观曹植，魏武帝之子，魏文帝之弟，与周公之境况格外相似。

曹植以周公自比，表达了自己礼贤下士、忠君报国的政治理想和建功立业、辅弼父兄的雄心壮志，这一点从曹植的其他诗文中也能看到，他在《白马篇》中写下“捐躯赴国难，视死忽如归！”之句，表面赞扬英雄不畏生死、报效国家，内中蕴含了自己的爱国激情和理想抱负。而在《薤露》中，更是直接写道：“愿得展功勤，输力于明君。”直言其胸中报国之意。

可惜的是，曹丕即位后，曹植处处受到限制和打击，数次迁移封地，但其理想与抱负仍然不减。曹丕病逝，曹叡即位后，35岁的曹植仍多次上奏恳请被任用，但是曹叡只是给予了口头嘉许。232年，41岁的曹植在忧郁中病逝于东阿。

《君子行》表面是一首写君子的诗，实际上是曹植借“君子”以自喻，表达了自己渴望建功立业、报效明君的志向，只可惜他的境遇与周公却是天壤之别，在魏文帝、魏明帝二世的12年中，被迁封多次，未得到重用，最后郁郁而终，一代“仙才”就此陨落。

思考寄语

孔子曰“不学礼，无以立也”，告诫我们要谨言慎行，自律修身，不仅关乎个人的素质，也是做人的全面体现。曹植《君子行》告诫人们要处事谨慎，要主动远离一些有争议的人和事，避免引起不必要的嫌疑。愿大家都能谨慎行事，修身养德。青年要把正确的道德认知、自觉的道德养成、积极的道德实践紧密结合起来，不断修身立德，打牢道德根基，在人生道路上走得更正、走得更远。一个人的德行、品性就好比木之根、水之源，只有不断修身立德，才能长成参天大树，实现海纳百川。修身立德本质上是对精神世界的塑造。建设社会主义现代化强国，实现中华民族伟大复兴的中国梦，不仅要在物质上强，更要在精神上强。一个人失去正确价值观锚定的“德”，就会陷入精神的虚无；一个民族、一个国家没有共同的价值观念，就不可能进步。广大青年要不断锤炼品德修为，自觉树立和践行社会主义核心价值观，才能在精神层面获得更持久、更深沉的力量，坚定地前行。

5 君子之道（节选）

诵读主体

中国人的集体人格应该是什么样的呢？这个问题，既带有历史性、现实性，又带有理想性。

显然，这种集体人格必然与其他民族很不一样。

我可以再借一个外国人来说明这个问题。

这个人我说过多次，就是那位16世纪到中国来的耶稣会传教士利玛窦。他对中国文化进行了数十年精深和全面的研究，很多方面已经一点儿也不差于中国文化人，但我们读完长长的《利玛窦中国札记》就会发现，最后还是在人格上差了关键一步。那就是，他暗中固守的，仍然是西方的“圣徒人格”和“绅士人格”。

与“圣徒”和“绅士”不同，中国文化的集体人格模式，是“君子”。

中国文化的人格模式还有不少，其中延伸最广、重叠最多、渗透最密的，莫过于“君子”。这也可以说是一个庞大民族在自身早期文化整合中的“最大公约数”。

“君子”，终于成了中国人最独特的文化标识。世界上的其他民族，在集体人格上都有自己的文化标识。除了利玛窦的“圣徒人格”和“绅士人格”外，还有“骑士人格”“灵修人格”“浪人人格”“牛仔人格”等等。这些标识性的集体人格，互相之间有着巨大的区别，很难通过学习和模仿全然融合。这是因为，所有的集体人格皆如荣格所说，各有自己的“故乡”。从神话开始，埋藏着一个遥远而深沉的梦，积淀成了一种潜意识、无意识的“原型”。

“君子”作为一种集体人格的雏形古已有之，却又经过儒家的选择、阐释、提升，结果就成了一种人格理想。儒家先是谦恭地维护了君子的人格原型，然后又鲜明地输入了自己的人格设计。这种在原型和设计之间的平衡，贴合了多数中国人的文化基因和文化选择，因此儒家也就取得了“独尊”的地位。

不少中国现代作家和学者喜欢用激烈的语气抨击中国人的集体人格，揭示丑恶的“国民性”。看似深刻，但与儒家一比，层次就低得多了。儒家大师如林，哪里会看不见集体人格的毛病？但是，从第一代儒学大师开始，就在淤泥中构建出了自己的理想设计。

这种理想设计一旦产生，中国文化的许许多多亮点都向那里滑动、集中、灌注、融合。因此，“君子”两字包罗万象，非同小可。儒家学说的最简洁概括，即可称之为“君子之道”。甚至，中国文化的钥匙也在那里。

对中国文化而言，有了君子，什么都有了；没有君子，什么都徒劳。

这也就是说，人格在文化上，收纳一切，沉淀一切，预示一切。

任何文化，都是前人对后代的遗嘱。最好的遗嘱，莫过于理想的预示。

后代应该成为什么样的人？中国文化由儒家作了理想性的回答：做个君子。

做个君子，也就是做个最合格、最理想的中国人。我一直认为，中国文化没有沦丧的最终原因，是君子未死，人格未溃。中国文化的延续，是君子人格的延续；中国文化的刚健，是君子人格的刚健；中国文化的缺憾，是君子人格的缺憾；中国文化的更新，是君子人格的更新。

如果说，文化的最初踪影，是人的痕迹，那么，文化的最后结晶，是人的归属。

知人论世

本文节选自余秋雨《君子之道》，全篇分为四个部分：第一部分介绍君子之道的轮廓，缕析儒、道两家在君子之道上的九项要点和四大难题，同时探讨君子如何处理与世间、名誉、伪君子、自由的关系；第二部分阐述了作者面对人生问题从佛学中得到的修行感悟，得益于三个“无”，精进于三个“少”，以自如、自在、自由之心化解难题；第三部分为当代中国愿意做君子的年轻人提供了更充分的国际视角，在故事中介绍国外思想家和艺术家的人生价值和终极关怀，互为观照，互相滋养；第四部分汇集了作者的几十篇短文，着眼于君子人格的构建，呼应全书主旨。

阅读鉴赏

余秋雨耗费十几年光阴，阅览文化，行尽千里，撼动万亿华人读者，终成总结性成果。“那么多年过去，直到今天，终于可以搁笔搓手，告诉读者，我把事情的另一半也做了。”作者一切的研究都是为探究中华民族的集体人格做准备，因为只要是中国人，都会对自己的集体人格极为敏感。

一切文化的核心机密是集体人格，而中华文化的人格理想是君子之道。不了解君子之道，就像一个中国人无法讲清楚自己是谁。

君子人格是中国文化的理想，在先秦以及后世儒家那里，关于君子之道，有明确的目标定位，有醒目的底线设定，有具体的践行路径，有细致的防范规则，可谓至诚至密，让人豁然醒悟。观照他我，认识君子，分辨君子，珍惜君子，直到自己做一个君子。

“君子”，是中国人最独特的文化标识。世界上的其他民族，在集体人格上都有自己的文化标识 。如国外的绅士、骑士、浪人等。这些标识性的集体人格，互相之间有着巨大的区别，很难通过学习和模仿全然融合。这是因为，所有的集体人格，各有自己的“故乡”。

“君子”作为一种集体人格的雏形，早已经过儒家的选择、阐释，成了一种人格理想。儒家学说的最简洁概括，即可称之为“君子之道”。甚至，中国文化的钥匙也在君子之道。也就是说，人格在文化上，收纳一切，预示一切。做个君子，也就是做个最合格、最理想的中国人。中国文化的延续，是君子人格的延续；中国文化的刚健，是君子人格的刚健；中国文化的更新，是君子人格的更新。如果说，文化的最初踪影，是人的痕迹，那么，文化的最后结晶，是人的归属。

君子之道在外在形态上，一是君子坦荡荡，为国家为他人，而小人长戚戚，总以为危险潜伏在四周，小人一生都会非常苦恼；二是君子有礼，每个单位、每个人都要建立简单易行的礼节，比如孝道是每个人必须做到的礼仪，又是从小的文明训练，懂得敬让，从家庭放大到社会，就成为合格的公民。君子之道的阀门是有耻，要做到知耻和不耻，不耻比知耻更进一层，有羞耻之感就成君子之道了。对伪君子，要识破道义之伪、风度之伪。希望人人做一个真君子。

思考寄语

“君子”精神是传统儒学的理想人格。它有不适合现代社会生活的部分，但是也有若干道德理念和行为规范，具有永恒价值。中国古代的思想家曾经幻想过“人人君子”的理想境界。政治家谦恭和蔼，平易近人；老百姓民风淳厚，相让不争，宁可损己，不能损人。假如人人成为“君子”，国家就都成为“君子国”。君子虽然是一个理想境界，但是对于我们现在这个社会来说，人人可以参与，人人可以去努力。

6 过去的年（节选）

诵读主体

退回去几十年，在我们乡下，是不把阳历年当年的。那时，在我们的心目中，只有春节才是年。这一是与物质生活的贫困有关——因为多一个节日就多一次奢侈的机会，当然更重要的还是观念问题。

春节是一个与农业生产关系密切的节日，春节一过，意味着严冬即将结束，春天即将来临。而春天的来临，也就是新的一轮农业生产的开始。农业生产基本上是大人的事，对小孩子来说，春节就是一个可以吃好饭、穿新衣、痛痛快快玩几天的节日，当然还有许多的热闹和神秘。

我小的时候特别盼望过年，往往是一过了腊月，就开始掰着指头数日子，好像春节是一个遥远的、很难到达的目的地。对于我们这种焦急的心态，大人们总是发出深沉的感叹，好像他们不但不喜欢过年，而且还惧怕过年。他们的态度令当时的我感到失望和困惑，现在我完全能够理解了。我想我的长辈们之所以对过年感慨良多，一是因为过年意味着一笔开支，而拮据的生活预算里往往没有这笔开支，二是飞速流逝的时间对他们构成的巨大压力。小孩子可以兴奋地说：过了年，我又长大了一岁；而老人们则叹息：嗨，又老了一岁。过年意味着小孩子正在向自己生命过程中的辉煌时期进步，而对于大人，则意味着正向衰朽的残年滑落。

熬到腊月初八，是盼年的第一站。这天的早晨要熬一锅粥，粥里要有八样粮食——其实只需七样，不可缺少的大枣算一样。据说在解放前的腊月初八凌晨，庙里或是慈善的大户都会在街上支起大锅施粥，叫花子和穷人们都可以免费喝。我曾经十分地向往着这种施粥的盛典，想想那些巨大无比的锅，支设在露天里，成麻袋的米豆倒进去，黏稠的粥在锅里翻滚着，鼓起无数的气泡，浓浓的香气弥漫在凌晨清冷的空气里。一群手捧着大碗的孩子们排着队焦急地等待着，他们的脸冻得通红，鼻尖上挂着清鼻涕。为了抵抗寒冷，他们不停地蹦跳着，喊叫着。我经常幻想着我就在等待着领粥的队伍里，虽然饥饿，虽然寒冷，但心中充满了欢乐。后来我在作品中，数次描写了我想象中的施粥场面，但写出来的远不如想象中的辉煌。

过了腊八再熬半月，就到了辞灶日。我们那里也把辞灶日叫作小年，过得比较认真。早饭和午饭还是平日里的糙食，晚饭就是一顿饺子。为了等待这顿饺子，我早饭和午饭吃得很少。那时候我的饭量大得实在是惊人，能吃多少个饺子就不说出来吓人了。辞灶是有仪式的，那就是在饺子出锅时，先盛出两碗供在灶台上，然后烧半刀黄表纸，把那张灶马也一起焚烧。焚烧完毕，将饺子汤淋一点在纸灰上，然后磕一个头，就算祭灶完毕。这是最简单的。比较富庶的人家，则要买来些关东糖供在灶前，其意大概是让即将上天汇报工作的灶王爷尝点甜头，在上帝面前多说好话。也有人说是用关东糖粘住灶王爷的嘴。这种说法不近情理，你粘住了他的嘴，坏话固然是不能说了，但好话不也说不了了嘛！

祭完了灶，就把那张从灶马上裁下来的灶马头儿贴到炕头上，所谓灶马头，其实就是一张农历的年历表，一般都是拙劣的木版印刷，印在最廉价的白纸上。最上边印着一个小方脸、生着三绺胡须的人，他的两边是两个圆脸的女人，一猜就知道是他的两个太太。当年我就感到灶王爷这个神祇的很多矛盾之处，其一就是他整年累月地趴在锅灶里受着烟熏火燎，肯定是个黑脸的汉子——乡下人说某人脸黑：看你像个灶王爷似的——但灶马头上的灶王爷脸很白。灶马头上都印着来年几龙治水的字样。一龙治水的年头主涝，多龙治水的年头主旱，“人多乱，龙多旱”这句俗语就是从这里来的，其原因与“三个和尚没水吃”是一样的。

过了辞灶日，春节就迫在眉睫了。但在孩子的感觉里，这段时间还是很漫长。终于熬到了年除夕，这天下午，女人们带着女孩子在家包饺子，男人们带着男孩子去给祖先上坟。而这上坟，其实就是去邀请祖先回家过年。上坟回来，家里的堂屋墙上，已经挂起了家堂轴子，轴子上画着一些冠冕堂皇的古人，还有几个像我们在忆苦戏里见到过的那些财主家的戴着瓜皮小帽的小崽子模样的孩子，正在那里放鞭炮。轴子上还用墨线起好了许多的格子，里边填写着祖宗的名讳。轴子前摆着香炉和蜡烛，还有几样供品。无非是几颗糖果，几页饼干。讲究的人家还做几个碗，碗底是白菜，白菜上面摆着几片油炸的焦黄的豆腐之类。不可缺少的是要供上一把斧头，取其谐音“福”字。这时候如果有人来借斧头，那是要遭极大的反感的。院子里已经撒满了干草，大门口放一根棍子，据说是拦门棍，拦住祖宗的骡马不要跑出去。

那时候不但没有电视，连电都没有，吃过晚饭后还是先睡觉。睡到三更正香时被母亲悄悄地叫起来。起来穿上新衣，感觉到特别神秘，特别寒冷，牙齿嘚嘚地打着战。家堂轴子前的蜡烛已经点燃，火苗颤抖不止，照耀得轴子上的古人面孔闪闪发光，好像活了一样。院子里黑得伸手不见五指，仿佛有许多的高头大马在黑暗中咀嚼谷草。——如此黑暗的夜再也见不到了，现在的夜不如过去黑了。这是真正的开始过年了。这时候绝对不许高声说话，即便是平日里脾气不好的家长，此时也是柔声细语。至于孩子，头天晚上母亲已经反复地叮嘱过了，过年时最好不说话，非得说时，也得斟酌词语，千万不能说出不吉利的话，因为过年的这一刻，关系到一家人来年的运道。

做年夜饭不能拉风箱——呱嗒呱嗒的风箱声会破坏神秘感——因此要烧最好的草，棉花柴或者豆秸。我母亲说，年夜里烧花柴，出刀才，烧豆秸，出秀才。秀才嘛，是知识分子，有学问的人，但刀才是什么，母亲也解说不清。大概也是个很好的职业，譬如武将什么的，反正不会是屠户或者是刽子手。因为草好，灶膛里火光熊熊，把半个院子都照亮了。锅里的蒸汽从门里汹涌地扑出来。饺子下到锅里去了。白白胖胖的饺子下到锅里去了。每逢此时我就油然地想起那个并不贴切的谜语：从南来了一群鹅，扑棱扑棱下了河。饺子熟了，父亲端起盘子，盘子上盛了两碗饺子，往大门外走去。男孩子举着早就绑好了鞭炮的竿子紧紧地跟随着。父亲在大门外的空地上放下盘子，点燃了烧纸后，就跪下向四面八方磕头。男孩子把鞭炮点燃，高高地举起来。在震耳欲聋的鞭炮声中，父亲完成了他的祭祀天地神灵的工作。回到屋子里，母亲、祖母们已经欢声笑语了……

过年时还有一件趣事不能不提，那就是装财神和接财神。往往是你一家人刚刚围桌吃饺子时，大门外就起了响亮的歌唱声：财神到，财神到，过新年，放鞭炮。快答复，快答复，你家年年盖瓦屋。快点拿，快点拿，金子银子往家爬……听到门外财神的歌唱声，母亲就盛上半碗饺子，让男孩送出去。扮财神的，都是叫花子。他们提着瓦罐，有的提着竹篮，站在寒风里，等待着人们的施舍。这是叫花子们的黄金时刻，无论多么吝啬的人家，这时候也不会舍不出那半碗饺子。那时候我很想扮一次财神，但家长不同意……

现在，如果愿意，饺子可以天天吃，没有了吃的吸引，过年的兴趣就去了大半，人到中年，更感到时光的难留，每过一次年，就好像敲响了一次警钟。没有美食的诱惑、没有神秘的气氛、没有纯洁的童心，就没有过年的乐趣，但这年还是得过下去，为了孩子。我们所怀念的那种过年，现在的孩子不感兴趣，他们自有他们的欢乐的年。

知人论世

莫言（1955年2月17日—），原名管谟业，生于山东高密县，中国当代著名作家。香港公开大学荣誉文学博士，青岛科技大学客座教授。他自20世纪80年代以一系列乡土作品崛起，充满着“怀乡”以及“怨乡”的复杂情感，被归类为“寻根文学”作家。其作品深受魔幻现实主义影响，写的是一出出发生在山东高密东北乡的“传奇”。2000年，莫言的《红高粱》入选《亚洲周刊》评选的“20世纪中文小说100强”。2005年莫言的《檀香刑》全票入围茅盾文学奖初选。2011年莫言凭借作品《蛙》获得茅盾文学奖。2012年莫言获得诺贝尔文学奖，获奖理由是：通过幻觉现实主义将民间故事、历史与当代社会融合在一起。莫言在他的小说中构造独特的主观感觉世界，天马行空般的叙述，陌生化的处理，塑造神秘超验的对象世界，带有明显的“先锋”色彩。

阅读鉴赏

春节是指汉字文化圈传统上的农历新年，俗称“年节”，传统名称为新年、大年、新岁，但口头上又称度岁、庆新岁、过年，是中华民族最隆重的传统佳节。春节起源于殷商时期年头岁尾的祭神祭祖活动，是中国最盛大、最热闹、最重要的一个古老传统节日。自汉武帝太初元年始，以夏年（农历）正月初一为“岁首”（“年”），年节的日期由此固定下来，延续至今。年节古称“元旦”。1911年辛亥革命后，开始采用公历（阳历）计年，遂称公历1月1日为“元旦”，称农历正月初一为“春节”。在中国民间，传统意义上的春节是指从腊月初八的腊祭或腊月二十三或二十四的祭灶，一直到正月十五，其中以除夕和正月初一为高潮。

“千门万户曈曈日，总把新桃换旧符。”春节对于中国人来说，是其最重视的节日，那些传统的仪式和规矩中充满了敬畏与守望的意味。我们重视过年，正是为了温热内心的仪式感，触发文化意义上的深层感念。

作者首先提到了腊月初八吃腊八粥，粥里要有八样粮食以及施粥的热闹场面；其次，写到辞灶日，祭灶神，过得比较认真；再次，写到除夕，包饺子，给祖先上坟，祭恭祖先等；最后写到过年，早早起来穿新衣，不许高声说话，不能说出不吉利的话等一些风俗，显得喜庆、热闹，充满神秘感。作者没有细致地描写各地过年的不同风俗，而是超越了各地过年方式的差别，抓住它们的本质，写出了抽象的过年的共同点：美食的诱惑、神秘的气氛、纯洁的童心。经过几千年传统积淀而形成的“过年”，有许多特定的民间习俗。而这些习俗，成年人，也不一定完全能够理解，就更不用说孩子们了。孩子们对一些民间宗教活动不理解，成年人又不愿意通俗地解释给孩子们听，所以，在孩子的心中，产生这种神秘感也就在所难免了。“纯洁的童心”表现在对过年的理解和期盼与成年人不同上，孩子们对美食的期盼，对未知世界的好奇，以及自己无法理解的自以为是的猜测，自然就会形成他们的童心童趣。

“没有美食的诱惑、没有神秘的气氛、没有纯洁的童心，就没有过年的乐趣”，文中叙述童年过年时也是从这三个方面入手的，如腊月初八吃粥对孩子们等粥吃的场面的描写，“一群手捧着大碗的孩子们排着队焦急地等待着，他们的脸冻得通红，鼻尖上挂着清鼻涕。为了抵抗寒冷，他们不停地蹦跳着，喊叫着”。虽然条件不好，但孩子们的“蹦跳”“喊叫”单纯而快乐。再如，神秘的气氛在作品中有好几处写到，比如送灶、除夕，这种神秘气氛主要是通过对过年的民间习俗，特别是对民间祭祀活动的描写来表达的。神秘来自人对鬼神的敬畏，来自人，特别是孩子对未知世界的不可知。这方面的描写是与纯洁的童心连在一起的。童心表现在与成年人对年的不同态度上，正是因为孩子们的童心，对美食的期待、对未知世界的好奇，使得年在孩子们的心中充满了乐趣。

“过年”不是一种抽象的理论，而是一种场面，是人们的一系列行动，更是人们的一种心理期待，体现出一种氛围，它是感性的，是现象，所以，只有通过细节描写才能呈现出来。作者也正是这样写的，庙里施粥的场景、祭灶的过程、灶神灶马的样子都写得非常细致逼真，还有包饺子、煮饺子、吃饺子的过程，不仅是对饺子的描写，还有那种氛围、民俗，都写得细致入微，把人们带回了当年的生活之中。文章对过年中几个重要日子的描写充满了民族和乡土的气息，如写辞灶日，“把那张从灶马上裁下来的灶马头儿贴到炕头上，所谓灶马头，其实就是一张农历的年历表，一般都是拙劣的木版印刷，印在最廉价的白纸上。最上边印着一个小方脸、生着三绺胡须的人，他的两边是两个圆脸的女人，一猜就知道是他的两个太太”，充满地方特色。虽然物质是匮乏的，但乡间生活是其乐融融的，充溢着浓浓的亲情。同时文章开头和结尾“当然更重要的还是观念问题”“我们所怀念的那种过年”等语句充满了怀旧的情怀。

莫言一直深受民间故事或传说鬼怪故事的影响，故乡高密的一景一物正是他创作的灵感源泉。“我们所怀念的那种过年，现在的孩子不感兴趣，他们自有他们的欢乐的年”的对比，既体现了作为成年人的作者对童年生活的怀念，也表达了作者与孩子们在思想情趣上的差异。“没有美食的诱惑、没有神秘的气氛、没有纯洁的童心，就没有过年的乐趣”，表达了作者对往昔岁月的怀念，更深一层则是对故乡的怀念，对故乡亲人的怀念。

思考寄语

春节不仅仅是一个节日，还是中华文化优秀传统的重要载体，蕴含着中华民族文化的智慧和结晶，凝聚着人们的生命追求和情感寄托，传承着中国人的社会伦理观念；同时也是中国人情感得以释放、心理诉求得以满足的重要载体，是中华民族一年一度的狂欢节和永远的精神支柱。

所以，我们一定要大力弘扬春节所凝结的优秀传统文化，突出辞旧迎新、祝福、团圆平安、兴旺发达等主题，努力营造家庭和睦、安定团结、欢乐祥和的喜庆氛围，推动中华文化历久弥新，不断发展壮大。

7 谕纪泽纪鸿（节选）

诵读主体

字谕纪泽、纪鸿儿：

目下值局势万紧之际，四面梗塞，接济已断，加此一挫，军心尤大震动。所盼望者，左军能破景德镇、乐平之贼，鲍军能从湖口迅速来援，事或略有转机，否则不堪设想矣。

余自从军以来，即怀见危授命之志。丁、戊年在家抱病，常恐溘逝牖下，渝我初志，失信于世。起复再出，意尤坚定，此次若遂不测，毫无牵恋。自念贫窭无知，官至一品，寿逾五十，薄有浮名，兼秉兵权，忝窃万分，夫复何憾！惟古文与诗，二者用力颇深，探索颇苦，而未能介然用之，独辟康庄。古文尤确有依据，若遽先朝露，则寸心所得，遂成广陵之散。作字用功最浅，而近年亦略有入处。三者一无所成，不无耿耿。

至行军本非余所长，兵贵奇而余太平，兵贵诈而金太直。岂能办此滔天之贼？即前此屡有克捷，已为侥幸，出于非望矣。尔等长大之后，切不可涉历兵间，此事难于见功，易于造孽，尤易于贻万世口实。余久处行间，日日如坐针毡，所差不负吾心，不负所学者，未尝须臾忘爱民之意耳。近来阅历愈多，深谙督师之苦。尔曹惟当一意读书，不可从军，亦不必作官。

吾教子弟不离八本、三致祥。八者曰：读古书以训诂为本，作诗文以声调为本，养亲以得欢心为本，养生以少恼怒为本，立身以不妄语为本，治家以不晏起为本，居官以不要钱为本，行军以不扰民为本。三者曰：孝致祥，勤致祥，恕致祥。吾父竹亭公之教人，则专重孝字。其少壮敬亲，暮年爱亲，出于至诚。故吾纂墓志，仅叙一事。

处兹乱世，银钱愈少，则愈可免祸；用度愈省，则愈可养福。尔兄弟奉母，除劳字俭字之外，别无安身之法。吾当军事极危，辄将此二字叮嘱一遍，此外亦别无遗训之语，尔可禀告诸叔及尔母无忘。

咸丰十一年三月十三日

知人论世

曾国藩（1811—1872），湖南湘乡（今属双峰）人，晚清名臣。道光年间中进士，入翰林，擢部堂，历经十多年的京官生涯。咸丰二年（1852）丁母忧回籍，被任命为湖南“团练大臣”，借机练成湘军，统之镇压太平天国，历时十年余。其间于咸丰十年（1860）充任两江总督，后兼荣列“相国”（大学士）。又曾挂帅镇压捻军，“无功”而退返两江之任。后移调直隶总督，在任近两年，于同治九年（1870）冬重就两江之职。一生统军理政之外，文事不辍，又重修身、齐家，思想意蕴丰厚。

一部《曾文正公家书》，几可与《颜氏家训》相颉颃，引出种种做人、为学、识事的道理。这封家书，正是从人性的诸般弱点中，择出最普遍却又最有害之两点：忮（妒忌）、求（贪欲），详加剖析、生发开去，欲以去子女怀中之荆棘、心中之卑污。他谆谆告诫，只有痛戒此二者，方能造福，方能立品，方能既不害人又不害己，方能避祸免灾。尤为可贵的是，信中直言自己对此二者虽常加根治，却尚未能扫除净尽，使人备感为人父者对子女的殷切之情、坦诚之心。信中文辞精当而雅练，意深而理切，俨然是大家之风范。

阅读鉴赏

目前正是局势非常紧急的时候，四面都被阻塞，（外面的）接济已断绝。加上这一次受挫，军心受到特别大的震动。（我）所盼望的是左宗棠的军队能够打败景德镇和乐平的敌人，鲍超的军队能从（江西）湖口迅速来救援，事情或许略有转机，不然的话，局势就不堪设想了。

我自从投身军旅以来就抱着一种临危受命的志向。丁巳和戊午那两年在家养病，常常担心自己突然在家中去世，违背了我最初的志向，失信于天下人。后来重被任用再出山（打仗），意志尤其坚定。这次假如遇到什么不测之祸，我也毫无牵恋的了。回想我自己贫穷无知，现在能官至一品大员，年龄也已过五十，（在外面）也稍有点虚名，又手握兵权，自己都感到非常惭愧，还有什么可遗憾的呢？只是我对古文和诗歌这两方面都花了很多精力，多方寻求，研究也很辛苦，但是不能经常地运用并自己打开一条大道。我对古文的研究尤其有依托和根据，如果我现在突然死了，那么我的一些心得，就会像《广陵散》一样永远无人领会了。我的书法用功最少，但近年也略微深入了一些。这三方面一无所成，心中不免耿耿于怀。

至于行军打仗，本来不是我所擅长的。（因为）用兵以令人难测为贵，可是我的性格太平易；用兵以欺诈为贵，可是我的性格太正直。怎么能够办这些罪恶极大的贼子（按：此处为曾国藩对太平天国的蔑称）呢？以前即使屡有克敌制胜，已经是侥幸的事，超出我未曾有的期望。你们兄弟长大之后，一定不要涉足于军队之间，这种事难以见到功业，而且容易造下大孽，尤其容易给后代人留下非难的口实。我长久地在军队中生活，每天如同坐在针毡上一样。稍可安慰的是，我没有辜负我最初的愿望，没有辜负我的学问，片刻也没有忘掉爱民的心愿。近来（我）经历的更多，深切了解到带领军队的艰苦。你们应当一心一意地读书，将来不要从军，也不一定要出去做官。

我教育子弟有“不离八本”和“三致祥”的格言。这“八本”是：读古书要以字句解释为本，作诗文要以讲究声调为本，奉养父母要以得到他们的欢心为本，修养身心要以少恼怒为本，立身处世要以不乱讲话为本，管理家事要以不迟起床为本，做官要以不要钱为本，行军打仗要以不骚扰百姓为本。“三致祥”是：孝顺能带来吉祥，勤奋能带来吉祥，宽恕能带来吉祥。我的父亲竹亭公教育人，就专门注重一个“孝”字。他在少壮时敬爱父母，晚年时疼爱儿女，都出于心中一片至诚，所以我为他写的墓志铭，就只说了这一件事。

处在这个乱世之中，钱越少，就越能免除祸患；开支越俭省，就越能保持幸福。你们兄弟奉养母亲，除了一个“劳”字和一个“俭”字外，没有其他安身立命的办法。我在此军事极其危急的时候，就将这两个字叮嘱你们一遍，此外也就没有什么遗训给你们了，你们可以将这点意思禀告给几位叔叔和母亲，不要忘掉。

咸丰十一年三月十三日

这封信是曾国藩在战事危难紧急关头时所写，可以看作曾国藩的遗嘱（虽然这次曾国藩最终并没有生命危险），至少曾国藩是当作遗嘱来写的。作为晚清一代名臣，曾国藩有较高的学识造诣和道德修养，他“临终”前想到的不是财物和荣华富贵，而是对自己仕途和学问的总结和对子女的教诲。对于仕途，他以谦卑之心觉得已无遗憾，反而对学问自觉无有成就耿耿于怀。他自觉自己不善带兵打仗，又深感战争是罪孽之事，告诫儿子不要涉足军队之间，也不必做官，要一心一意读书。

曾国藩在家书中教育子女“不离八本”和“三致祥”。“八本”涉及为学、侍亲、修身养性、立身处世、管理家事、为官和行军打仗，要求子女善学、勤劳、孝顺、廉洁、诚实、爱民、睦邻、宽恕、养生，可以说几乎涵盖了一个人所有的品性，可见曾国藩也是这样要求自己的。“八本”中，曾国藩尤其将为学放在第一位，可见其对学问的重视，他自己也似乎更愿意在学问上做出一番成就。家训之“三致祥”即“孝致祥，勤致祥，恕致祥”，意思是孝顺、勤劳、宽恕可以带来祥瑞。勤俭持家、孝顺父母、宽容和睦一直是我们中华民族朴素的传统美德。信的结尾再三叮嘱家人要力行节俭，这在一般达官贵人看来实在是不可思议的事。这封家书充分地体现了曾国藩的学识造诣和道德修养。

思考寄语

一部《曾国藩家书》让我们探求到曾国藩追求“修身、齐家、治国、平天下”的心灵世界，感悟到一个家族崛起自有其自身的密码，更触摸到中华民族传统文化的深层积淀。

在当今社会，教子成才一直是困扰天下父母的最大难题，很多孩子因为成绩不好就会被贴上“笨小孩”的标签。一百多年前的曾国藩，小时候也被看作不会读书的“笨小孩”。事实证明，“笨小孩”也能成大事，希望同学们努力学习，严格要求自己，提高自己的学识和修养。

8 九歌·国殇

诵读主体

操吴戈兮被犀甲，车错毂兮短兵接。
旌蔽日兮敌若云，矢交坠兮士争先。
凌余阵兮躐余行，左骖殪兮右刃伤。
霾两轮兮絷四马，援玉枹兮击鸣鼓。
天时怼兮威灵怒，严杀尽兮弃原野。
出不入兮往不反，平原忽兮路超远。
带长剑兮挟秦弓，首身离兮心不惩。
诚既勇兮又以武，终刚强兮不可凌。
身既死兮神以灵，魂魄毅兮为鬼雄。

知人论世

屈原（约公元前340—前278），战国时期楚国诗人、政治家。芈姓，屈氏，名平，字原；又自云名正则，字灵均。出生于楚国丹阳（今湖北秭归），楚武王熊通之子屈瑕的后代。

屈原是中国历史上第一位伟大的爱国诗人，中国浪漫主义文学的奠基人，被誉为“中华诗祖”“辞赋之祖”。他是“楚辞”的创立者和代表作者，开辟了“香草美人”的传统。屈原的出现，标志着中国诗歌进入了一个由集体歌唱到个人独创的新时代。他被后人称为“诗魂”。屈原也是楚国重要的政治家，早年受楚怀王信任，任左徒、三闾大夫，兼管内政外交大事。吴起之后，在楚国另一个主张变法的就是屈原。他提倡“美政”，主张对内举贤任能，修明法度，对外力主联齐抗秦。因遭小人排挤诽谤，被先后流放至汉北和沅湘流域。

公元前278年，秦将白起攻破楚都郢（今湖北江陵），屈原悲愤交加，怀石自沉于汨罗江，以身殉国。主要作品有《离骚》《九歌》《九章》《天问》等。他创作的《楚辞》是中国浪漫主义文学的源头，其中的名篇《离骚》与《诗经》中的《国风》并称“风骚”，对后世诗歌产生了深远影响。

阅读鉴赏

战士手持兵器身披犀甲，敌我战车交错戈剑相接。
旌旗遮天蔽日敌众如云，飞箭如雨战士奋勇争先。
敌军侵犯我们行列阵地，左骖马倒毙右骖马受伤。
兵车两轮深陷绊住四马，主帅举起鼓槌猛击战鼓。
杀得天昏地暗神灵震怒，全军将士捐躯茫茫原野。
将士们啊一去永不回还，走向那平原的遥远路途。
佩长剑夹强弓争战沙场，首身分离雄心永远不屈。
真正勇敢顽强而又英武，始终刚强坚毅不可凌辱。
人虽死啊神灵终究不泯，魂魄刚毅不愧鬼中英雄！

这首诗歌是祭祀保卫国土战死的将士的祭歌。诗中不仅歌颂了他们的英雄气概和壮烈的精神，而且对雪洗国耻寄予热望，抒发了作者热爱祖国的高尚感情。全诗情感真挚炽烈，节奏鲜明急促，传达出一种凛然悲壮、亢直阳刚之美。

《九歌》是一组祭歌，共11篇，是屈原据民间祭神乐歌的再创作。《九歌》从《东皇太一》到《山鬼》，所祭奠的都是自然界中的神灵，独最后这一篇《国殇》是祭奠人间为国牺牲的将士。许多学者认为，这和战国时期秦楚战争有关，楚怀王时楚国多次和秦国交战，几乎每次都遭到惨重的失败。楚国人民为了保卫国家，抗击强秦，英勇杀敌，前仆后继。据统计，楚国有15万名以上的将士在与秦军的血战中横死疆场。屈原写这篇作品就是为了歌颂楚国将士为保卫国家不惜牺牲、视死如归的英雄气概和豪迈精神。全诗分三节。第一节描绘车战的激烈场面。先写楚方士兵的武器和铠甲，后写两军相接，再写敌人的蜂拥和疯狂，最后写楚方士兵的英勇顽强。这一节写得层次分明、具体形象，突出了战斗的残酷、士兵的无畏和豪壮的感情。第二节写楚方寡不敌众、全部战死的悲壮场面。敌人疯狂而且残酷，楚方受创惨重，然而士兵们却英勇无畏，宁死不屈。“援玉枹兮击鸣鼓”十分重要。古代作战，鸣鼓表示进攻。这说明，楚方伤亡即使如此惨重，仍然一心进击。楚方将士英勇顽强、视死如归的形象栩栩如生，跃然纸上。第三节是对为国战死者的赞颂。先讴歌战士们远离家乡、誓死报国、义无反顾的决心，然后赞美战士们刚强勇武、视死如归、宁死不屈的精神。感情是凝重、真诚而沉痛的。

作者描写场面、渲染气氛的本领十分高超。不过十句，已将一场殊死恶战，描写得栩栩如生，极富感染力。以饱含情感的笔触，讴歌死难将士。有感于他们自披上战甲一日起，便不再想全身而返，此刻他们紧握兵器，安详地、心无怨悔地躺在那里，他简直不能抑制自己的情绪奔进。他对这些将士满怀敬爱，正如他常用美人、香草指代美好的人事一样，在诗篇中，他也同样用一切美好的事物来修饰笔下的人物。这批神勇的将士，操的是吴地出产的以锋利闻名的戈、秦地出产的以强劲闻名的弓，披的是犀牛皮制的盔甲，拿的是有玉嵌饰的鼓槌，他们生是人杰，死为鬼雄，气贯长虹，英名永存。

古代将尚未成年（不足20岁）而夭折的人称为殇，也用以指未成丧礼的无主之鬼。按古代葬礼，在战场上“无勇而死”者，照例不能敛以棺柩，葬入墓域，也都是被称为“殇”的无主之鬼。在秦楚战争中，战死疆场的楚国将士因是战败者，故而也只能暴尸荒野，无人替这些为国战死者操办丧礼，进行祭祀。正是在这样的背景下，放逐之中的屈原创作了这一不朽名篇。诗人那热爱家国的炽烈情感，表现得淋漓尽致。本篇写作从敌胜我败着笔，反映了楚国当时的政治、军事形势。在此诗中，屈原将对动态过程的描述和静态雕像的刻画紧密结合。在动态过程的描述中，将大场面的鸟瞰同局部特写紧密结合；在静态雕像的刻画中，将外形描绘同精神赞美紧密结合，而这种结合过程又同战争的步步展开、诗人感情的层层发展协调一致。清人蒋骥在《山带阁注楚辞》中论及此篇时指出：“怀襄之世，任谗弃德，背约忘亲，以至天怨神怒，国蹙兵亡，徒使壮士横尸膏野，以快敌人之意。原盖深悲极痛之。”

思考寄语

这是一首追悼为国牺牲的将士的挽歌，诗人热烈地礼赞英雄们意志刚强、武力强大，他们虽身死而志不可夺！他们死而有知，英灵不泯，在鬼中也是出类拔萃的英雄。楚国灭亡后，楚地流传过这样一句话：“楚虽三户，亡秦必楚。”屈原此作描写楚国壮士在战斗中勇武不屈、视死如归的英雄气概，讴歌他们为维护祖国尊严、解除人民灾难而献身的精神。慷慨悲壮的歌唱，不仅寄托了对阵亡士卒的哀思，而且表达了诗人与祖国同休戚、共命运的深挚的爱国主义激情。千百年来，屈原“亦余心之所善兮，虽九死其犹未悔”的爱国之心激励了无数中华儿女为民族的自由解放、国家的振兴强大，前仆后继，赴汤蹈火！

9 乡土情结

诵读主体

君自故乡来，应知故乡事，
来日绮窗前，寒梅著花未？
——王维

每个人的心里，都有一方魂牵梦萦的土地。得意时想到它，失意时想到它。逢年逢节，触景生情，随时随地想到它。海天茫茫，风尘碌碌，酒阑灯灺人散后，良辰美景奈何天，洛阳秋风，巴山夜雨，都会情不自禁地惦念它。离得远了久了，使人愁肠百结：“客舍并州数十霜，归心日夜忆咸阳。无端又渡桑乾水，却望并州是故乡。”好不容易能回家了，偏又忐忑不安：“岭外音书断，经冬复历春。近乡情更怯，不敢问来人。”“异乡人”这三个字，听起来音色苍凉；他乡遇故知，则是人生一快。一个怯生生的船家女，偶尔在江上听到乡音，就不觉喜上眉梢，顾不得娇羞，和隔船的陌生男子搭讪：“君家居何处？妾住在横塘。停船暂借问，或恐是同乡。”辽阔的空间，悠邈的时间，都不会使这种感情褪色：这就是乡土情结。

人生旅途崎岖修远，起点站是童年。人第一眼看见的世界——几乎是世界的全部，就是生我育我的乡土。他开始感觉饥饱寒暖，发为悲啼笑乐。他从母亲的怀抱，父亲的眼神，亲族的逗弄中开始体会爱。但懂得爱的另一面——憎和恨，却须在稍稍接触人事以后。乡土的一山一水，一虫一鸟，一草一木，一星一月，一寒一暑，一时一俗，一丝一缕，一饮一啜，都溶化为童年生活的血肉，不可分割；而且可能祖祖辈辈都植根在这片土地上，有一部悲欢离合的家史。在听祖母讲故事的同时，就种在小小的心坎里。邻里乡亲，早晚在街头巷尾、桥上井边、田塍篱角相见，音容笑貌，闭眼塞耳也彼此了然，横竖呼吸着同一的空气，濡染着同一的风习，千丝万缕沾着边。一个人为自己的一生定音定调定向定位，要经过千磨百折的摸索，前途充满未知数，但童年的烙印，却像春蚕作茧，紧紧地包着自己，又像文身的花纹，一辈子附在身上。

金窝银窝，不如家里的草窝。但人是不安分的动物，多少人仗着年少气盛，横一横心，咬一咬牙，扬一扬手，向恋恋不舍的家乡告别，万里投荒，去寻找理想，追求荣誉，开创事业，富有浪漫气息。有的只是一首朦胧诗——为了闯世界。多数却完全是沉重的现实主义格调：许多稚弱的童男童女，为了维持最低限度的生存要求，被父母含着眼泪打发出门，去串演各种悲剧。人一离开乡土，就成了失根的兰花，逐浪的浮萍，飞舞的秋蓬，因风四散的蒲公英，但乡土的梦，却永远追随着他们。“慈母手中线，游子身上衣”，这根线的长度，足够绕地球三匝，随卫星上天。

浪荡乾坤的结果，多数是少年子弟江湖老，黄金、美人、虚名、实惠，都成了竹篮打水一场空。有的侘傺无聊，铩羽而归。有的春花秋月，流连光景，“未老莫还乡，还乡须断肠”。有的倦于奔竞，跳出名利场，远离是非地，“只应守寂寞，还掩故园扉”。有的素性恬淡，误触尘网，不愿为五斗米折腰，归去来兮，种菊东篱，怡然自得。——但要达到这境界，至少得有几亩薄田，三间茅舍作退步，否则就只好寄人篱下，终老他乡。只有少数中的少数、个别中的个别，在亿万分之一的机会里冒险成功，春风得意，衣锦还乡，——“富贵不归故乡，如衣锦夜行，谁知之者！”这句名言的创作者是楚霸王项羽，但他自己功败垂成，并没有做到。

灾难使成批的人流离失所，尤其是战争，不但造成田园寥落，骨肉分离，还不免导致道德崩坏，人性扭曲。当然，战争有正义与非正义之分，“国家兴亡，匹夫有责”；“匈奴未灭，何以家为”；“四方丈夫事，平心铁石心”；“男儿何不带吴钩，收取关山五十州”，都是千古美谈。但正义战争的终极目的，正在于以战止战，缔造和平，而不是以战养战、以暴易暴。比灾难、战争更使人难以忘怀的，是放逐：有家难归，有国难奔。屈原、贾谊、张骞、韩愈、柳宗元、苏东坡，直至康有为、梁启超，真可以说无代无之。——也许还该特别提一提林则徐，这位中国近代伟大的爱国前贤，为了严禁鸦片，而获罪革职，遣戍伊犁。他在赴戍登程的悲凉时刻，口占一诗，告别家人：“苟利国家生死以，岂因祸福避趋之。谪居正是君恩厚，养拙刚于戍卒宜。”百年后重读此诗，还令人寸心如割，百脉沸涌，两眼发酸，低徊欷歔不已。

安土重迁是中华民族的传统，我们祖先有个根深蒂固的观念，以为一切生灵，都有返本归元的倾向：鸟恋旧林，鱼思故渊，胡马依北风，狐死必首丘，树高千丈，落叶归根。有一种聊以慰藉的迷信，还以为人在百年之后，阴间有个望乡台，好让死者的幽灵在月明之夜，登台望一望阳世的亲人。但这种缠绵的情致，并不能改变冷酷的现实，百余年来，许多人依然不得不离乡别井，乃至飘洋过海，谋生异域。有清一代，出国的华工不下一千万，足迹遍于世界，新兴资本主义国家的金矿、铁路、种植园里，渗透了他们的血汗。美国南北战争以后，黑奴解放了，我们这些黄皮肤的同胞，恰恰以刻苦、耐劳、廉价的特质，成了奴隶劳动的后续部队，他们当然做梦也没有想到什么叫人权。为了改变祖国的命运，孙中山领导的革命运动发轫于美国檀香山，第一代中国共产党人，很多曾在法国勤工俭学。改革开放后掀起的出国潮，汹涌澎湃，方兴未艾。这一代又一代炎黄子孙浮海远游的潮流，各有其截然不同的背景、色彩和内涵，不可一概而论，却都是时代浮沉的侧影，历史浩荡前进中飞溅的浪花。民族向心力的凝聚，并不取决于地理距离的远近。我们第一代的华侨，含辛茹苦，寄籍外洋，生儿育女，却世代翘首神州，不忘桑梓之情，当祖国需要的时候，他们都作了慷慨的奉献。香港蕞尔一岛，从普通居民到各业之王、绅士爵士、翰苑名流，对大陆踊跃输将，表示休戚相关、风雨同舟的情谊，是近在眼前的动人事例。美不美，故乡水，亲不亲，故乡人，此中情味，离故土越远，就体会越深。

科学进步使天涯比邻，东西文化的融会交流使心灵相通，地球会变得越来越小。但乡土之恋不会因此消失。株守乡井，到老没见过轮船火车，或者魂丧域外，飘泊无归的现象，早该化为陈迹。我们应该有鹏举鸿飞的豪情，鱼游濠水的自在，同时拥有温暖安稳的家园，还有足以自豪的祖国，屹立于现代世界文明之林。

知人论世

柯灵（1909—2000），原名高季琳，笔名朱梵、宋约。原籍浙江绍兴，生于广州。中国电影理论家、剧作家、评论家。1926年在上海商务印书馆出版的《妇女杂志》上发表第一篇作品——叙事诗《织布的女人》后步入文坛。1941年与师陀合作根据高尔基的话剧《底层》改编成话剧剧本《夜店》（后改编成电影），有广泛影响。1950年加入中国共产党。曾任《文汇报》副社长兼副总编、上海电影剧本创作所所长、上海电影艺术研究所所长、《大众电影》主编、上海作协书记处书记、上海影协常务副主席等职。

阅读鉴赏

“人生旅途崎岖修远，起点站是童年。人第一眼看见的世界——几乎是世界的全部，就是生我育我的乡土。”故乡的一切在每个人身上都打上了深深的烙印，每个人对故乡都有一种特别的感情——挥之不去的血脉之情。这种感情是怎样的感情？又是如何形成的？为什么人在离家时这种思乡之情表现得更加强烈？新时期我们对待故乡又该是怎样一种情感和态度？

《乡土情结》是柯灵为纪念《香港文学》创刊七周年而作的散文，作品以故园之思作为线索，由"小家"到"大家"，由"离家"到"归家"，将乡土情结升华为爱国主义的思想感情。

作品以王维的《杂诗》引出一个普遍的道理，"每个人的心里，都有一方魂牵梦萦的土地"，并且援引了大量古代思乡诗来进一步说明这种情感，点出"乡土情结"。然后再对这种情结进行具体的说明和解释，之所以称为情结，是因为它像烙印，像蚕茧，像文身一样不能化解与消褪，一个人的出生地不仅给了他自然的生命，而且给了他文化，他之所以成为"这个人"，而不是另一个人，故乡的文化起了决定性的作用。

乡土情结每个人都会有，但它往往在人远离故乡时表现得更为强烈。作者用三个小节来写引发乡思的情景：一是离家创业，不管成也好，败也好，"但乡土的梦，却永远追随着他们"；二是灾难与战争，灾难不管是自然的，还是人为的，战争不管是正义的，还是非正义的，都免不了流离失所、骨肉分离，这种状况下的思乡之情也就更为浓厚了。

文章在叙述了因各种原因而造成的离家之后，重新回到写归家，内涵就更加丰富扎实了。作者从历史说到当今，从自然说到人伦，从现实世界说到神话传说，归结为一点：安土重迁是中华民族的传统。这里特别说到近百年无数创业者浮海五洲，打拼天下，从正反两个方面讲述了人对故乡、家园直到对祖国的感情，这也是乡土情结中最重的一份情感。最后，作者从当今世界现代化程度越来越高、文化交融越来越充分的角度对乡土情结作了新的阐释，"我们应该有鹏举鸿飞的豪情，鱼游濠水的自在，同时拥有温暖安稳的家园，还有足以自豪的祖国，屹立于现代世界文明之林"，作品至此完成了主题的升华。

柯灵是怀着真挚深厚的情感创作这篇散文的，作为一位世纪文化老人，他早年辗转各地，饱受战争与灾难的离乱之苦。因此，其对家园之思有特别的体会，再加上香港回归这一特殊的背景，作者从家到国展开联想十分自然。作品叙古写今，纵横捭阖，酣畅淋漓，文中征引了大量的诗文、史料和典故，不仅说明了乡土情结的久远、普遍、根深蒂固，而且还通过它们营造了一个具体的历史场景，使文章显得更加生动、感人。

思考寄语

作为人类生存意识的折射，世界上几乎每个民族都有关于自己乡土的故事、传说和歌谣，而在我们中华民族的历史上，更是演出过一幕幕离家、思家、归家的悲欢离合的活剧，留下一篇篇表现乡情的诗文。当今世界，现代化程度越来越高，文化交流融合越来越充分，乡土情结有了新的阐释：人已不为家所累，但人应该永远拥有自己的家，有温暖安稳的家园，也有足以自豪的祖国，那是我们心灵的归宿。

10 孔子论礼

诵读主体

孔子谓季氏："八佾舞于庭，是可忍也，孰不可忍也？"

三家者以《雍》彻。子曰："'相维辟公，天子穆穆'，奚取于三家之堂？"

颜渊问仁。子曰："克己复礼为仁。一日克己复礼，天下归仁焉。为仁由己，而由人乎哉？"颜渊曰："请问其目？"子曰："非礼勿视，非礼勿听，非礼勿言，非礼勿动。"颜渊曰："回虽不敏，请事斯语矣！"

子曰："先进于礼乐，野人也；后进于礼乐，君子也。如用之，则吾从先进。"

林放问礼之本，子曰："大哉问！礼，与其奢也，宁俭；丧，与其易也，宁戚。"

子曰："博学于文，约之以礼，亦可以弗畔矣夫！"

子曰："道之以政，齐之以刑，民免而无耻；道之以德，齐之以礼，有耻且格。"

知人论世

节选自《论语》。

《论语》是一部能够超越时空、具有永恒价值的经典著作。其中，关于“礼”的论述有79处之多，是全书重要内容之一。

周人灭殷后，结合自身的风俗习惯加以糅合改造，成为周礼，并将周礼由祭祀领域扩大到社会政治领域，成为维护宗法等级制度的“礼治”。对礼的起源认识虽稍有不同，但从中可以看出，最初的礼起源于先民的原始宗教信仰，用以“表示、传达情感，同时又给情感以确定的形式而成为仪文典式”，经过原始社会和夏、商奴隶王朝长时间的发展演变，再经西周特别是周公“制礼作乐”的改造，成为系统化的、维护统治的重要政治制度。

孔子不满当时“天下无道”、动荡不安的社会，抱着强烈的忧患意识和救世情怀，奔游列国，孜孜以求，倡导“德化”“礼治”。他说：“为政以德，譬如北辰居其所而众星共之。”（《为政》）集中表达了他对礼在政治中的地位和作用的认识。

孔子对周礼抱着很尊敬的心态。在《论语》中多次谈到自己对西周礼乐的向往。子曰：“周监于二代，郁郁乎文哉！吾从周。”（《八佾》）“周之德，其可谓至德也已矣。”（《泰伯》）“如有用我者，吾其为东周乎！”（《阳货》）“甚矣吾衰也，久矣吾不复梦见周公！”（《述而》）

但是，事实上，他对周礼也有许多不满之处，并在推崇周礼的前提下，对周礼进行了许多“损益”。如“周礼”重视祭祀鬼神，而孔子在回答樊迟问知时则主张：“务民之义，敬鬼神而远之，可谓知矣。”（《雍也》）子路问事鬼神的问题，孔子明确地告诉他：“未能事人，焉能事鬼？”（《先进》）他的弟子都认为“子不语怪、力、乱、神。”（《述而》）孔子重人事轻鬼神，革新了“周礼”的基本精神。又如“周礼”规定的宗法制、世袭制在孔子这里也被打破了，他提出的“举贤才”打破了亲亲尊尊，主张“学而优则仕”，向社会打开了取仕的大门。

阅读鉴赏

孔子谈到季孙氏说：“他用天子才能用的八行64人在庭院中奏乐舞蹈，这样的事都狠心做得出来，还有什么事不能狠心做出来呢？”

孟孙氏、叔孙氏、季孙氏三家在祭祖完毕撤去祭品时，命乐工唱《雍》这首诗。孔子说：“（《雍》诗上这两句）‘助祭的是诸侯，天子严肃静穆地在那里主祭’这样的意思，怎么能用在你三家的庙堂里呢？”

颜渊问怎样做才是仁。孔子说：“克制自己，一切都照着礼的要求去做，这就是仁。一旦这样做了，天下的一切就都归于仁了。实行仁德，完全在于自己，难道还在于别人吗？”颜渊说：“请问实行仁的条目。”孔子说：“不合于礼的不要看，不合于礼的不要听，不合于礼的不要说，不合于礼的不要做。”颜渊说：“我虽然愚笨，也要照您的这些话去做！”

孔子说：“先学习了礼乐而后做官的，是原来没有爵禄的平民；先做了官而后学习礼乐的，是卿大夫的子弟。如果让我来选用人才，那么我赞成选用先学习礼乐的人。”

林放问礼的根本，孔子说：“你的问题意义重大啊！礼，与其求形式上的豪华，不如俭朴一些好；治丧，与其在仪式上面面俱到，不如内心真正悲痛。”

孔子说：“广泛地学习文化知识，再用礼来加以约束，这样也就不会离经叛道了。”

孔子说：“用政令来治理百姓，用刑罚来制约百姓，百姓可暂时免于罪过，但不会感到不服从统治是可耻的；如果用道德来统治百姓，用礼教来约束百姓，百姓不但有廉耻之心，而且会纠正自己的错误。”

孔子的礼学，源于关系人类存在的意义上的古礼，它是对濒临崩坏的古礼的继承，又是中华礼仪得以形成并传衍久远的端绪。孔子的礼说体现了礼制精神，即现代意义上的秩序和制度，是中国古代社会政治思想的精华，是建立人类文明社会的基本要求。

孔子的政治思想核心内容是“礼”与“仁”，在治国的方略上，他主张“为政以德”，用道德和礼教来治理国家是最高尚的治国之道。这种治国方略也叫“德治”或“礼治”。这种方略把德、礼施之于民，严格了等级制，把贵族和庶民截然划分为治者与被治者。

《论语》中主要是赞美和弘扬周公所奠定的周礼，孔子认为礼作为规范社会结构和人们行为的基本制度在很久以前就存在，将来也会永远存在下去，礼治是永恒的。

思考寄语

当今时代，物质条件越来越丰富，生活越来越优越，人与人之间的感情也经受着从未有过的考验，而孔子礼学思想，无疑是迷茫的人际交往的最好标尺。每个人都希望获得别人的关心和尊重，但感情是一种互动的过程，只有别人感受到你的善意和爱心，才会回报于你。所以“礼”便成为陌生人之间感情沟通的桥梁，从礼貌、尊重、善意中人们彼此感受到温暖，才会实现人际交往的和谐相处。

11 荀子·修身（节选）

诵读主体

见善，修然必以自存也；见不善，愀然必以自省也。善在身，介然必以自好也；不善在身，菑然必以自恶也。故非我而当者，吾师也；是我而当者，吾友也；谄谀我者，吾贼也。故君子隆师而亲友，以致恶其贼。好善无厌，受谏而能诫，虽欲无进，得乎哉？小人反是，致乱，而恶人之非己也，致不肖，而欲人之贤己也，心如虎狼，行如禽兽，而又恶人之贼己也。谄谀者亲，谏争者疏，修正为笑，至忠为贼，虽欲无灭亡，得乎哉？《诗》曰：“噏噏呰呰，亦孔之哀。谋之其臧，则具是违；谋之不臧，则具是依。”此之谓也。

知人论世

详见本册《礼论》（节选）的知人论世部分。

阅读鉴赏

看到善良的行为，感到美好就一定想把它保存在自己身上；看到不好的行为，感到忧惧就一定拿它来反省自己。善良的品行在自己身上，一定坚定不移地爱自己；不良的品行在自己身上，一定像有灾祸一样地厌恶自己。所以指出我的缺点而批评又恰当的人，就是我的老师；肯定我而赞赏又恰当的人，就是我的朋友；阿谀奉承我的人，就是害我的人。所以君子尊重老师，亲近朋友，而极端痛恨那些谄媚自己的贼人。追求好的德行永远不满足，受到劝告能够警惕，这样即使不想进步，可能吗？小人则与此相反，自己极其昏乱，却还憎恨别人指出自己的过失；自己极其无能，却要别人说自己贤能；自己的心地像虎狼，行为像禽兽，却又恨别人指出其罪恶；对阿谀奉承自己的人就亲近，对规劝自己改正错误的人就疏远，把善良正直的话当作对自己的讥笑，把极端忠诚的行为看成是对自己的戕害，这样的人即使想不灭亡，可能吗？《诗经》说：“乱吸取诋毁，实在很悲哀。谋划美好的，全都违背了；谋划不好的，则全都依从。”就是说这些小人。

本段叙说人们对善与不善应采取的态度，指出君子隆师亲友、好善不厌，因而能够取得成功。

思考寄语

荀子要人们自己反省当下的自己，作为修身之道。要就别人对自己的是非毁誉，做修身功夫。即要懂得别人的善恶以反省自己。如今，人们非常重视别人的毁誉，这就是好名的根源。我们又是否能以荀子的态度来对待别人的毁誉呢？

12 日知录·廉耻（节选）

诵读主体

《五代史·冯道传》论曰："礼义廉耻，国之四维，四维不张，国乃灭亡。善乎管生之能言也。礼义治人之大法，廉耻立人之大节。盖不廉则无所不取，不耻则无所不为。人而如此，则祸败乱亡亦无所不至。况为大臣，而无所不取，无所不为，则天下其有不乱，国家其有不亡者乎？"然而四者之中，耻尤为要。故夫子之论士曰："行己有耻。"孟子曰："人不可以无耻。无耻之耻，无耻矣。"又曰："耻之于人大矣，为机变之巧者，无所用耻焉！"所以然者，人之不廉而至于悖礼犯义，其原皆生于无耻也。故士大夫之无耻，是谓国耻。

吾观三代以下，世衰道微，弃礼义，捐廉耻，非一朝一夕之故。然而松柏后凋于岁寒，鸡鸣不已于风雨，彼昏之日，固未尝无独醒之人也。顷读《颜氏家训》，有云："齐朝一士夫，尝谓吾曰：'我有一儿，年已十七，颇晓书疏，教其鲜卑语及弹琵琶，稍欲通解，以此伏事公卿，无不宠爱。'吾时俯而不答。异哉，此人之教子也。若由此业，自致卿相，亦不愿汝曹为之。"嗟乎！之推不得已而仕于乱世，犹为此言，尚有《小宛》诗人之意。彼阉然媚于世者，能无愧哉！

知人论世

顾炎武（1613—1682），字宁人，号亭林，江苏昆山人。原名绛，明朝灭亡后改名炎武，以示抗清之志。明末清初著名思想家、史学家、语言学家。清兵入关之后，在南方积极开展抗清活动，事败后，潜心治学，坚决不仕。治学淹通文史，主张经世致用，著有《天下郡国利病书》《日知录》《音学五书》《顾亭林诗文集》等，与黄宗羲、王夫之并称明末清初三大儒。

顾炎武倾注了三十余年的心血，写就《日知录》三十二卷。“上篇经术，中篇治道，下篇博闻”（顾炎武《与人书》），内容广博，影响深远。

顾炎武强调做学问必须先立人格：“礼义廉耻，是谓四维”，提倡“天下兴亡，匹夫有责”。《日知录·正始》：“保天下者，匹夫之贱，与有责焉耳矣。”

阅读鉴赏

《五代史·冯道传论》道：“礼义廉耻，国之四维，四维不张，国乃灭亡。”妙啊，管子善于立论。礼义是治理人民的大法，廉耻是为人立身的大节。大凡不廉便什么都可以拿，不耻便什么都可以做。人到了这种地步，那便灾祸、失败、逆乱、死亡，也就都随之而来了。何况身为大臣而什么都拿，什么都做，那么天下哪有不乱，国家哪有不亡的呢？”然而在这四者之间，耻尤其重要。因此孔子论及怎么才可以称为士，说道：“个人处世必须有耻。”孟子说：“人不可以没有耻，能以无耻为可耻，就能免于羞耻了。”又说：“耻对于人关系大极了，那些搞阴谋诡计耍花样的人，是根本谈不上耻的。”其所以如此，因为一个人的不廉洁乃至于违犯礼义，推究其原因都产生在无耻上。因此士大夫的无耻，可谓国耻。

我考察自三代以下，社会和道德日益衰微，礼义被抛弃，廉耻被丢在一边，不是一朝一夕的事了。但是凛冽的寒冬中有不凋的松柏，风雨如晦中有警世的鸡鸣，那些昏暗的日子中，未尝没有独具卓识的清醒者啊！最近读到《颜氏家训》上有一段话说：“齐朝一个士大夫曾对我说：‘我有一个儿子，年已十七岁，颇能写点文件书牍什么的，教他讲鲜卑话，也学弹琵琶，使之稍为通晓一点，用这些技能侍候公卿大人，到处受到宠爱。’我当时低首不答。怪哉，此人竟是这样教育儿子的！倘若通过这些本领能使自己做到卿相的地位，我也不愿你们这样干。”哎！颜之推不得已而出仕于乱世，尚且能说这样的话，还有《小宛》诗人的精神，那些卑劣地献媚于世俗的人，能不感到惭愧吗？

《廉耻》谈论的是人的言行道德。在文中，“廉耻”之耻，不单是普通意义上的羞耻，更多的是士大夫对于自身操守的一种规矩和认知。文章追溯历代史书中的故事，认为人不可无羞耻之心。廉耻是士大夫精神质地的重要标准。文章说：“廉耻立人之大节。盖不廉则无所不取，不耻则无所不为。”在“廉”和“耻”上，作者花费了更多的笔墨谈“耻”，其原因正如阎若璩所说，“廉易而耻难”，也与当时“无所不为”的乱世现象有关。

思考寄语

顾炎武重视“廉耻”，强调道德伦理，并要求外化在行动上，就是要按照儒家行为规范和道德标准行事，不能有所僭越，更不能无所不为，这种修养至今依然值得我们借鉴。

13 尊师（节选）

诵读主体

神农师悉诸，黄帝师大挠……吴王阖闾师伍子胥、文之仪，越王勾践师范蠡、大夫种。此十圣人、六贤者未有不尊师者也。今尊不至于帝，智不至于圣，而欲无尊师，奚由至哉？此五帝之所以绝，三代之所以灭。

且天生人也，而使其耳可以闻，不学，其闻不若聋；使其目可以见，不学，其见不若盲；使其口可以言，不学，其言不若爽；使其心可以知，不学，其知不若狂。故凡学，非能益也，达天性也。能全天之所生而勿败之，是谓善学。

子张，鲁之鄙家也；颜涿聚，梁父之大盗也；学于孔子。段干木，晋国之大驵也，学于子夏。高何、县子石，齐国之暴者也，指于乡曲，学于子墨子。索卢参，东方之巨狡也，学于禽滑黎。此六人者，刑戮死辱之人也，今非徒免于刑戮死辱也，由此为天下名士显人，以终其寿，王公大人从而礼之，此得之于学也。

君子之学也，说义必称师以论道，听从必尽力以光明。听从不尽力，命之曰背；说义不称师，命之曰叛。背叛之人，贤主弗内之于朝，君子不与交友。

故教也者，义之大者也；学也者，知之盛者也。义之大者，莫大于利人，利人莫大于教；知之盛者，莫大于成身，成身莫大于学。身成则为人子弗使而孝矣，为人臣弗令而忠矣，为人君弗强而平矣，有大势可以为天下正矣。故子贡问孔子曰："后世将何以称夫子？"孔子曰："吾何足以称哉？勿已者，则好学而不厌，好教而不倦，其惟此邪！"天子入太学祭先圣，则齿尝为师者弗臣，所以见敬学与尊师也。

知人论世

《吕氏春秋》是战国末年秦国丞相吕不韦组织门客们集体编撰的杂家（儒、法、道等）著作，又名《吕览》。此书共分为十二纪、八览、六论，共12卷，160篇，20余万字。《吕氏春秋》全书体例划一，篇与篇之间内容有一定的联系，表明它是按统一的计划有组织地编写的。

战国末期政治上统一的趋势加强，各家思想也迅速走向融合，在此背景下产生的《吕氏春秋》，注重博采众家学说，因而汉代以来一直被称为"杂家"。以今人眼光衡量，《吕氏春秋》一书的写作目的，是为了综合各家学说之长，指导秦国统治阶级兼并六国，建立大一统的封建王朝，并实现长治久安。它对各家学说实际上是有所吸收，有所扬弃，主要是吸收其中比较合理、进步的部分。《吕氏春秋》对先秦各家各派着重审视其优长，偏重于汲取其精粹，力图超出门户之见。

阅读鉴赏

神农以悉诸为师，黄帝以大挠为师……吴王阖闾以伍子胥、文之仪为师，越王勾践以范蠡、文种为师。这些圣人贤者没有不尊重老师的。如今，人们地位没有达到皇帝那样尊贵，才智没有达到圣明的境界，却不想尊奉老师，这怎么能获得尊显、达到圣明的境地呢？这正是五帝之所以废绝、三代之所以不可再现的原因。

况且，上天造就人，使人的耳朵可以听见，如果不学习，耳有所闻反不如耳聋听不见好；使人的眼睛可以看见，如果不学习，目有所见反不如眼瞎看不见好；使人的口可以说话，如果不学习，口有所言反不如口哑说不出话好；使人的心可以认知事物，如果不学习，心有所知反不如狂乱无知好。因此凡是学习，不是能使人增加什么，而是使人通达天性。能够保全天赋予人的本性而不使它受到伤害，这就叫作善于学习。

子张本是鲁国的鄙俗小人，颜涿聚本是梁父山上的大盗，他们求学于孔子。段干木本是晋国市场上的大牙侩，求学于子夏。高何、县子石本是齐国凶恶残暴的人，被乡里斥逐，求学于墨子。索卢参本是东方有名的狡诈之人，求学于禽滑黎。这六个人本是该受到刑罚、杀戮，蒙受耻辱的人。如今，他们不仅免于刑罚、杀戮、耻辱，而且成为天下的知名之士、显达之人，得以终其天年，王公大人因而对他们以礼相待，这些都是得力于学习啊。

君子学习，谈论道理一定称引老师的话来阐明道义，听从教诲一定尽心竭力去发扬光大。听从教诲而不尽心竭力去发扬它，这种行为叫作“背”；谈论道理而不称引老师的话去阐明它，这种行为叫作“叛”。有背叛行为的人，贤明的君主不接纳他们在朝为臣，君子不跟他们交往为友。

因此，教育人是一件非常仁义的事，学习是一件非常聪明的事。仁义的事没有比给人带来利益更大的了，而给人带来利益最大的，没有什么能超过教育。聪明的事没有比修养身心更大的了，而修养身心最重要的，没有什么能超过学习。如果自身的修养完成了，那么，做子女的不用支使就孝顺了，做臣下的不用命令就忠诚了，做君主的不用勉强就公正了，其中形势最有利的就可以做天下的君主了。所以，子贡问孔子说：“后代将用什么话称道您呢？”孔子说：“我哪里值得称道呢？如果一定要说的话，那就是喜好学习而不满足，勤于教诲而不疲倦，大概仅此而已！”天子进入明堂祭祀先代圣人，与曾经做过自己老师的人并排站立，不把他们做臣子看待，这是用以显示敬重学习和尊重老师啊！

尊师的字面意思是尊重老师，但内涵却十分丰富，文章旁征博引、引经据典，从尊师的意义、学习的作用，进而延伸到教育的内涵和意义几个方面阐述了自己的观点，时至今日仍振聋发聩、发人深省，有着非常重要的现实意义。

文章以古代的圣人贤者和如今的人们做对比，指出今不如昔的原因就是今人不像古人那样尊奉老师，尊奉老师才能获得尊显、达到圣明的境地。况且人有眼、耳、口就是用来学习的，善于学习才能使人通达天性、保全本性。接着以鲁国的子张和颜涿聚、晋国的段干木、齐国的高何等人为例，指出这些人本来是一些鸡鸣狗盗之徒，本应受刑罚和杀戮的，但是由于从师学习，不仅免于刑罚、杀戮和耻辱，而且成为天下的知名之士，这就是学习使人蜕变的最好的例证。

文章最后指出，教育是一件非常仁义的事，学习是一件非常聪明的事。没有比教育能够给人们带来更大利益的事，没有比学习更能让人修身养性。如果修身养性完成了，那么人就可以成为行为不会犯错误的君子了，子女就会孝顺，臣子就会忠诚，君主就能公正了。

求学者和社会应该尊重老师，在生活上尽心尽力地从各个方面关心老师。尊师不仅要体现在日常言行中对老师的恭敬的态度上，还必须表现于虚心、认真、专心致志、刻苦钻研的学习态度中，更要变为敬业精神和勤劳的品质。这些思想对于中国形成优良的尊师传统是个重要的贡献，也促进了中国古代教育思想的发展。

思考寄语

尊师不仅是指对老师本人尊重，更重要的是继承和发扬老师所传授的道理，即老师所信奉、教诲及其言行举止中表现出来的信念、理想、志向，他的人生哲学、政治理念和基本的价值取向。作为学生，应该通过学习来修养身心，保全善良的本性。自身的修养达到一定的境界，一些问题将迎刃而解、不攻自破。学习能让我们受益终身，而学习的重要途径就是从师。尊重和发扬老师传授的道理，吸收和掌握老师教授的知识，让自己成为一个人格健全、知识丰富，国家和社会的栋梁之材，即是对老师的最大的尊重和宽慰。

14 大略（节选）

诵读主体

大略，君人者，隆礼尊贤而王，重法爱民而霸，好利多诈而危。

人主仁心设焉，知其役也，礼其尽也。故王者先仁而后礼，天施然也。《聘礼》志曰：“币厚则伤德，财侈则殄礼。”礼云礼云，玉帛云乎哉！《诗》曰：“物其指矣，唯其偕矣。”不时宜，不敬交，不驩（驩：同“欢”）欣，虽指，非礼也。

亲亲、故故、庸庸、劳劳，仁之杀也。贵贵、尊尊、贤贤、老老、长长，义之伦也。行之得其节，礼之序也。

仁，爱也，故亲；义，理也，故行；礼，节也，故成。仁有里，义有门。仁，非其里而虚之，非仁也；义，非其门而由之，非义也。推恩而不理，不成仁；遂理而不敢，不成义；审节而不知，不成礼；和而不发，不成乐。故曰：仁、义、礼、乐，其致一也。

君子处仁以义，然后仁也；行义以礼，然后义也；制礼反本成末，然后礼也。三者皆通，然后道也。

礼者，人之所履也。失所履，必颠蹶陷溺。所失微而其为乱大者，礼也。礼之于正国家也，如权衡之于轻重也，如绳墨之于曲直也。故人无礼不生，事无礼不成，国家无礼不宁。

知人论世

详见本册《礼论》（节选）的知人论世部分。

阅读鉴赏

概括地说，统治人民的君主，崇尚礼义、尊重贤人就能称王天下，注重法治、爱护人民就能称霸诸侯，贪图财利、多搞欺诈就会危险。

君主首先要具备仁爱之心，智慧是仁爱之心役使的东西，礼制是仁爱之心的完备体现。所以，称王天下的人首先讲究仁德，然后才讲究礼节，自然的安排就是这样。《聘礼》记载：“礼物丰厚就会伤害德行，财物奢侈就会吞没礼制。”礼呀礼呀，难道只是指玉帛这些贵重礼品吗？《诗经》上说：“各种食物味真美，因为它们合口味。”如果不与时节相适合，不恭敬有礼貌，不喜悦快乐，那么即使味道很美，也不合乎礼制的要求。

亲近父母亲、热情对待老朋友、奖赏有功劳的人、慰劳付出劳力的人，这是仁方面的等级差别；尊崇身份贵重的人、尊敬官爵显赫的人、尊重有德才的人、敬爱年老的人、敬重年长的人，这是义方面的伦理常规。奉行这些仁义之道能恰如其分，就是礼的秩序。

仁，就是爱人，所以能和人互相亲近；义，就是合乎道理，所以能够实行；礼，就是适度，所以能够成功。仁有安居之处，义有进出之门。仁，如果不是它应该安居的地方却安顿在那里，就不是什么仁；义，如果不是它应该进出的门户而从那里进出，就不是什么义。施行恩惠而不合乎道理，就不成为仁；通达道理而不敢遵行，就不成为义；明白制度而不能使人们和睦协调，就不成为礼；和睦协调了而不抒发出来，就不成为乐。所以说，仁、义、礼、乐，它们要达到的目标是一致的。

君子根据义来处置仁，然后才有了仁；根据礼来奉行义，然后才有了义；制定礼时回头抓住它的根本原则，从而再完成它的具体细节，然后才有了礼。这三者都精通了，然后才是正道。

礼，是人立身处世必须遵照执行的基本原则。人如果失去了立身之处，就一定会跌倒沉沦，陷入危难之中。只要稍微有偏差，就会导致巨大的祸乱，这就是礼的作用。礼对于整饬国家，就像秤对于轻重一样，就像墨线对于曲直一样。所以，人不懂得礼义就不能在社会上生存，办事情不懂得礼义就不能办成，国家没有礼就不得安宁。

本篇收集了荀子的学生平时所记下的荀子言论，因为这些言论涉及的内容十分广泛，难以用某一词语来概括，而这些言论从总体上来看大都比较概括简要，可以反映出荀子思想的大概，所以编者把它总题为“大略”。

荀子承继儒家衣钵，认为礼的一个重要内容就是传统的礼节仪式。“礼者，谨于治生死者也。”（《礼论》）《礼论》篇中使用大量篇幅论及“三年之丧”。此外，《大略》篇还介绍了天子诸侯接见之礼、服饰之礼等。但荀子“隆礼”的着眼点显然不在于此。荀子之礼的核心内容还是建立在新经济关系基础之上的新道德规范和等级秩序。“礼也者，贵者敬焉，老者孝焉，长者弟焉，幼者慈焉，贱者惠焉。”（《大略》）荀子认为礼和仁、义有着内在联系：“亲亲，故故，庸庸，劳劳，仁之杀也。贵贵，尊尊，贤贤，老老，长长，义之伦也。行之得其节，礼之序也。”（《大略》）行仁施义做得恰当就是礼。所以荀子认为“仁、义、礼、乐，其致一也”（《大略》），其共同的终极目标都是构建一个于等级制度基础上的和谐社会。

思考寄语

中国优秀传统文化蕴藏着解决当代人类面临的难题的重要启示，荀子的礼学对于我们今天的社会建设仍不无启发。我们当然不可能也不应该从古人那里直接找到答案，但古人可以引发我们反思，引导我们逐步走向答案。

15《中华民族的人格》序

诵读主体

孔圣人说："志士仁人，无求生以害仁，有杀身以成仁。"孟夫子说："富贵不能淫，贫贱不能移，威武不能屈，此之谓大丈夫。"这几句话，都是造成我中华民族的人格的名言。

我们良心上觉得应该做的，照着去做，这便是仁。为什么又会有求生害仁的人呢？为的是见了富贵，去营求它；处在贫贱，去避免它；遇着威武，去服从它；看得自己的身体越重，人们本来的良心，就不免渐渐地消亡。贪赃枉法，也不妨；犯上作乱，也不妨；甚至于通敌卖国，也可以掩住自己的良心做起来，只要抢得到富贵，免得掉贫贱。倘若再有些外来的威武，加在他身上，那更什么都可以不管了。

有了这等人，传染开去，不知不觉受他的引诱，这个民族，必定要堕落，在世界上是不容存在的啊！

我们古来的圣贤，都有很好的格言，指导我们，在书本上，也有不少的豪杰，可以做我们的模范。

我现在举出这十几位，并不是什么演义弹词里妆点出来的，都是出在最有名的人人必读的书本里。他们的境遇不同，地位不同，举动也不同，但是都能够表现出一种至高无上的人格。有的是为尽职，有的是为知耻，有的是为报恩，有的是为复仇，归根结果，都做到杀身成仁，孟夫子说是大丈夫，孔圣人说是志士仁人，一个个都毫无愧色。这些人都生在二千多年以前，可见得我中华民族本来的人格，是很高尚的。只要谨守着我们先民的榜样，保全着我们固有的精神，我中华民族，不怕没有复兴的一日！

中华民国二十六年五月

作者自白

知人论世

张元济（1867—1959），字筱斋，号菊生，浙江海盐人，清光绪壬辰年（1892）进士，翰林院庶吉士。在清廷任职期间，以创办通艺学堂、传授新学等实际行动，积极投入戊戌维新运动。变法失败后，到上海南洋公学任译书院主事。1902年，应创办人夏瑞芳之邀，入商务印书馆主持编译工作，提出以“扶助教育”作为该馆编译出版方针，成功地出版了《最新教科书》，为我国教育事业的近代化提供了有力的支持。此后，在他的主持下，商务印书馆以其教科书、词典工具书、中外学术著作、期刊和古籍等门类的出版物，推动我国教育、学术的近代化进程，为我国知识界的知识结构，乃至思想观念的近现代化做出了贡献。

阅读鉴赏

1936年，一代出版巨人张元济为乌云密布的民族危机而忧心如焚、寝食不安，当时他正在校阅《史记》，常常为古史中的英雄人格所感动，因此他想到为青少年编一本书，以唤醒中华民族的人格，抵御强暴、抗拒横逆。他从《史记》《左传》《战国策》中撷取8篇故事，对原文作了适当的删节（没有改动），因为担心原文不利于普及，他又全部翻译成白话文，并在每篇后面加以评点。8篇故事包括《公孙杵臼·程婴》《伍尚》《子路》《豫让》《聂政》《荆轲》《田横》《贯高》，所涉及的人物却不止上述，比如《荆轲》一篇就记录了田光、樊于期、荆轲、高渐离四个人的慷慨就死。

1937年5月，商务印书馆推出了古稀老人张元济亲手编写的小册子《中华民族的人格》。本文是他给《中华民族的人格》作的序，文中指出书里所写人物几乎无一例外都慨当以慷、勇于就死、舍生取义。在民族危亡的紧急关头，张元济倡导这样的民族人格，用意显然非常清楚，一个民族不能没有人格，一个人格丧尽的民族注定了会被历史淘汰。

思考寄语

在特殊的危急时刻，张元济倡导民族人格，弘扬民族人格的那些古代英雄代表的是古代人格的标高，是难以逾越的纪念碑。在通往文明社会的道路中，我们需要那种独立的人格，那种由“健全的个人主义”所支撑起来的独立人格。

16 我善养吾浩然之气（节选）

诵读主体

（公孙丑问曰）“敢问夫子恶乎长？

曰：“我知言，我善养吾浩然之气。”

“敢问何谓浩然之气？”

曰：“难言也。其为气也，至大至刚，以直养而无害，则塞于天地之间。其为气也，配义与道；无是，馁也。是集义所生者，非义袭而取之也。行有不慊于心，则馁矣。我故曰，告子未尝知义，以其外之也。必有事焉，而勿正，心勿忘，勿助长也。无若宋人然：宋人有闵其苗之不长而揠之者，芒芒然归。谓其人曰：‘今日病矣！予助苗长矣！’其子趋而往视之，苗则槁矣。天下之不助苗长者寡矣。以为无益而舍之者，不耘苗者也；助之长者，揠苗者也。非徒无益，而又害之。”

知人论世

孟子（约公元前372—约前289），名轲，字子舆，战国中期邹国（今山东邹城东南）人，距离孔子的故乡曲阜不远。著名的思想家、政治家、教育家，孔子学说的继承者，战国中期儒家的代表人物。“性善论”和“养气说”是孟子的重要哲学思想。

本文选自《孟子·公孙丑上》。公孙丑：孟子的学生。

阅读鉴赏

公孙丑说：“请问老师您长于哪一方面呢？”孟子说：“我善于分析别人的言

语，我善于培养自己的浩然之气。”公孙丑说：“请问什么叫浩然之气呢？”

孟子说：“这很难用一两句话说清楚。这种气，极端浩大，极端有力量，用坦荡之胸怀去培养它而不加以伤害，就会充满天地之间。不过，这种气必须与仁义道德相配，否则就会缺乏力量。而且，必须要有经常性的仁义道德蓄养才能生成，而不是靠偶尔的正义行为就能获取的。一旦你的行为问心有愧，这种气就会缺乏力量了。所以我说，告子不懂得义，因为他把义看成心外的东西。我们一定要不断地培养义，心中不要忘记，但也不要一厢情愿地去帮助它生长。不要像宋人一样，宋国有个人嫌他种的禾苗老是长不高，于是到地里去用手把它们一株一株地拔高，累得气喘吁吁地回家，对他家里人说：‘今天可真把我累坏啦！不过，我总算让禾苗一下子就长高了！’他的儿子跑到地里去一看，禾苗已全部死了。天下人不犯这种揠苗助长错误的是很少的。认为养护庄稼没有用处而不去管它们的，是只种庄稼不除草的懒汉；一厢情愿地去帮助庄稼生长的，就是这种揠苗助长的人，不仅没有益处，反而害死了庄稼。”

所谓浩然之气，是指具有重道德、讲仁义特点的儒家养气法。而养气的根本是以精神意志为主导，只有胸怀坦荡、无私的人才能使气保养充盛。

孟子认为，充斥于身体之中，表现为情感、意气，甚至欲望的是“气”，而“气”的“帅”，即主宰，是作为心志的思想意志，此二者又是互相影响的。一旦气受到心志的控制，身体的一切活动都符合道德，久而久之，自然而然，身体中的气也得到了道德的养护，变得至大至刚，集合了道义，扩大为充塞于天地之间的浩然之气。而一个人达到这样的境地，便能够洞悉任何言辞和人心。

思考寄语

养成浩然之气要求尽可能减少自己的欲望，保持平和心态，不被外界所诱惑。它的养成，使人自觉地认识到人生的价值，感受到道德的充沛和宇宙合一的欢乐，为了人的独立与尊严，为了自由与平等、真理与道义，勇敢地承担起历史的使命，从而使生命与人格迸发出灿烂夺目的光辉和感天动地的力量。这种精神养气法比“万虑皆空”的养气法更符合社会需求。

17 离骚（节选）

诵读主体

帝高阳之苗裔兮，朕皇考曰伯庸。
摄提贞于孟陬兮，惟庚寅吾以降。
皇览揆余初度兮，肇锡余以嘉名。
名余曰正则兮，字余曰灵均。
纷吾既有此内美兮，又重之以修能。
扈江离与辟芷兮，纫秋兰以为佩。
汩余若将不及兮，恐年岁之不吾与。
朝搴阰之木兰兮，夕揽洲之宿莽。
日月忽其不淹兮，春与秋其代序。
惟草木之零落兮，恐美人之迟暮。
不抚壮而弃秽兮，何不改乎此度？
乘骐骥以驰骋兮，来吾道夫先路。

知人论世

详见本册《九歌·国殇》的知人论世部分。

阅读鉴赏

我是古帝高阳氏的后裔，我父亲叫伯庸。岁星在寅那年的孟春月，正当庚寅日那天我降生。父亲仔细揣测我的生辰，于是赐给我相应的美名。

父亲把我的名取为正则，同时把我的字叫作灵均。天赋给我很多良好素质，我不断加强自己的修养。我把江离芷草披在肩上，把秋兰结成索佩挂在身旁。

光阴似箭我好像跟不上，岁月不等待人令我心慌。早晨我在坡地采集木兰，傍晚在小洲中摘取宿莽。时光迅速逝去不能久留，四季更替变化有常。

想到草木不断地飘零凋谢，不禁担忧美人也会日益衰老。何不利用盛时扬弃秽政，为何还不改变这些法度？乘上骏马纵横驰骋吧，来呀，我在前面引导开路！

《离骚》是一首具有浪漫主义色彩的政治抒情诗，长约2 400字，是屈原作品中最具代表性、思想性、艺术性的佳作。其之所以用“离骚”为诗名，司马迁说，离骚即离忧；东汉大诗人王逸说，它含有离别忧愁的意思。

本文节选了《离骚》的第一部分，诗人论述了自己出身高贵，出生日期祥瑞，父亲赐予美好的名字，作者把这些称为“内美”。除此之外，他还注重提升自己的才能，文中以采摘香草比喻加强自身修养，佩戴香草比喻保持高洁。然而屈原空有一身才能、一腔热血却不受君王赏识，被排挤无处容身，多次被流放。但这些都改变不了他对理想的执着追求。“亦余心之所善兮，虽九死其犹未悔”“路漫漫其修远兮，吾将上下而求索”，这些就是其矢志不渝的精神写照。

然而屈原最终没有等来君王的召唤，却等来了国家灭亡的噩耗。于是他纵身一跳，跳入了滚滚汨罗江，用自己的生命祭祀自己的理想。他在汨罗江反舐着自己的孤寂灵魂。屈原连同他的理想，因为他的执着、他的守候将与日月同辉。

思考寄语

屈原，如此响亮的名字，深刻在丹青竹简之上，深烙在华夏文明之中，鲜活了两千多年。我们看到了他心中熊熊燃烧的爱国之火，明白了他为理想不懈追求的执着信念。同学们，请升起理想之帆，乘风破浪吧！

18 训俭示康（节选）

诵读主体

御孙曰："俭，德之共也；侈，恶之大也。"共，同也；言有德者皆由俭来也。夫俭则寡欲，君子寡欲，则不役于物，可以直道而行；小人寡欲，则能谨身节用，远罪丰家。故曰："俭，德之共也。"侈则多欲。君子多欲则贪慕富贵，枉道速祸；小人多欲则多求妄用，败家丧身；是以居官必贿，居乡必盗。故曰："侈，恶之大也。"

知人论世

司马光（1019—1086），字君实，号迂叟，陕州夏县涑水乡（今山西省夏县）人，世称涑水先生。北宋政治家、史学家、文学家。

宋仁宗宝元元年（1038），进士及第，累迁龙图阁直学士。宋神宗时，反对王安石变法，离开朝廷十五年，主持编纂编年体通史《资治通鉴》。《资治通鉴》是中国最大的一部编年史，全书共294卷，通贯古今，上起战国初期韩、赵、魏三家分晋（前403），下迄五代（后梁、后唐、后晋、后汉、后周）末年赵匡胤（宋太祖）灭后周以前（959），凡一千三百六十二年。

司马光为人温良谦恭、刚正不阿，做事用功、刻苦勤奋。以"日力不足，继之以夜"自诩，堪称儒学教化下的典范。生平著作甚多，主要有《温国文正司马公文集》《稽古录》《涑水记闻》《潜虚》等。

阅读鉴赏

御孙说："节俭，是最大的品德；奢侈，是最大的恶行。"共，就是同，是说有德行的人都是从节俭做起的。因为，如果节俭就少贪欲，有地位的人如果少贪欲就不被外物役使，可以走正直的路。

没有地位的人如果少贪欲就能约束自己、节约费用、避免犯罪，使家室富裕，所以说："节俭，是各种好的品德共有的特点。"如果奢侈就多贪欲，有地位的人如果多贪欲就会贪恋爱慕富贵，不循正道而行，招致祸患，没有地位的人多贪欲就会多方营求，随意挥霍，败坏家庭，丧失生命，因此，做官的人如果奢侈必然贪污受贿，平民百姓如果奢侈必然盗窃别人的钱财。所以说"奢侈，是最大的恶行"。

《训俭示康》是司马光写给其子司马康，教导他应该崇尚节俭的一篇家训。文章先叙述自己素来以节俭朴素为美德，对别人的讥笑不以为意，并说自己并非故作不同流俗而沽名钓誉，乃顺应自己的性情；又追忆天圣年间士大夫往来宴聚普遍尚俭的旧事，慨叹近日愈趋侈靡的风气；接着以本朝有识之士的俭朴美德为例，说明"由俭入奢易，由奢入俭难"；再引述古人的遗训，分析"俭"与"侈"的得失利弊；最后以古人俭、奢的历史事实，阐明俭能列名得福，奢必招祸自败，勉励子孙行俭戒奢，保持家风。所论虽是为子孙后代保全身家性命着想，但于后世颇具教益。全文平实自然，明白如话，旁征博引，说理透彻。虽是告诫后人，却不板着严肃面孔正面训诫，而是以老人回首往事、今昔对比的亲切语调信笔写来，未精心组织而自然成理。

思考寄语

一个人对待物质的态度，直接关系他事业的成败。古今中外，不少仁人志士，不追求吃喝玩乐，克己奉公，以节俭为荣，一心扑在事业上，取得了辉煌的成就。而在物质丰盈的现代社会，出现不少铺张浪费的现象，因此提倡节俭尤为必要。我们每个人从自身做起，从具体的事情做起，长期坚持，节俭的美德就能在全社会发扬光大。

19 礼记·冠义

诵读主体

古者冠礼筮日筮宾，所以敬冠事，敬冠事所以重礼；重礼所以为国本也。

故冠于阼，以着代也；醮于客位，三加弥尊，加有成也；已冠而字之，成人之道也。见于母，母拜之；见于兄弟，兄弟拜之；成人而与为礼也。玄冠、玄端奠挚于君，遂以挚见于乡大夫、乡先生；以成人见也。

成人之者，将责成人礼焉也。责成人礼焉者，将责为人子、为人弟、为人臣、为人少者之礼行焉。将责四者之行于人，其礼可不重与？

知人论世

由于西周宗法封建制度的日趋瓦解和礼乐制度的逐步破坏，“刑不上大夫，礼不下庶人”的文化垄断也发生了改变，一批旧贵族由于战乱和亡国等，其身份由贵族转变成士民和庶人，其所掌握的贵族文化和理解也随之流传到民间，这就是所谓的由“学在官府”到“学在民间”的文化下移过程。在这种情况下，原先在贵族社会中广为流传的“礼”，主要是维持家庭成员关系的各种礼节逐渐下移并被普通家庭所接受，以“孝悌”为核心的父子兄弟的血缘关系伦理和以“妇道”为核心的夫妇关系伦理逐渐成为调节家庭成员关系的重要伦理准则。

《礼记》当前主要存有两个不同的版本，主流的学术观点认为，这部著作为汉朝礼学家戴德和戴圣所编，分别被后世称为《大戴礼记》与《小戴礼记》。其中，《大戴礼记》内容篇目较多，根据记载总数为85篇，现在保存下来的有40篇。而戴圣的《小戴礼记》即我们一般所说的《礼记》。其篇目相对较少，篇目上应当为46篇，此外还有3篇《曲礼》《檀弓》《杂记》，所以一般认为《小戴礼记》篇目总数为49篇。《小戴礼记》这部著作在多年的流传中，成为我国历史上著名的文化经典。

《小戴礼记》即《礼记》，成书于汉代，为西汉礼学家戴圣所编。《礼记》是中国古代一部重要的典章制度选集，共20卷49篇，书中内容主要写先秦的礼制，体现了先秦儒家的哲学思想（如天道观、宇宙观、人生观）、教育思想（如个人修身、教育制度、教学方法、学校管理）、政治思想（如以教化政、大同社会、礼制与刑律）、美学思想（如物动心感说、礼乐中和说），是研究先秦社会的重要资料，是一部儒家思想的资料汇编。

阅读鉴赏

古人在举行冠礼时，要先通过占签选定吉日，通过占签选择一位可以为子弟加冠的宾，以此来表示对加冠之事的重视。对加冠之事的重视也就体现了对礼的重视，对礼的重视体现了礼是治国的根本。

在堂前的台阶上为嫡子加冠，这表示嫡子是未来的继承人。在客位对冠者行酪礼，这表示他已受到了成人的尊重。三次加冠，一次比一次尊贵，这是要启发冠者立志向上。行过冠礼以后，对冠者要称字而不称名，这因为他已经是个成年人了。加冠以后去拜见母亲，母亲答拜；去见兄弟，兄弟对他再拜：这都是因为他已是成人而与之施礼。戴上缁布冠，穿上玄端服，拿着礼品去拜见国君，把礼品放在地上，表示不敢直接授受；接着又拿着礼品去拜见乡大夫和乡先生，都是以成人的身份前去拜见。

既然是成人的身份，那就要以成人的礼数来要求他。所谓以成人的礼数来要求他，也就是将要要求他做一个合格的儿子，做一个合格的弟弟，做一个合格的臣子，做一个合格的后辈。将要要求他具备这四个方面的德行，冠礼能不重要吗！

礼文化是华夏文化的核心，华夏礼仪分为“吉礼、凶礼、军礼、宾礼、嘉礼”五种类型，冠礼属于嘉礼的一种，被称为“礼之始”，是古代男子成人的标志性仪式。《礼记·冠义》作为儒家礼仪规范的代表作，对冠礼所象征的“成人之道”进行了系统的解说。

一般说来，士人二十而冠，天子、诸侯、大夫的冠礼则相对较早。女子一般十五许嫁，许嫁则笄；如尚未许嫁，则二十而笄。行“冠礼”之后，人们开始享有“成年人”的权利，并对婚姻、家庭和社会尽自己的义务和责任。因此，“冠礼”是对人们“成年”的认可，是人们正式步入“成年人”行列的标志。

成为“成人”，不仅要能够行“礼仪”，还要自觉以“礼义”约束自身。也就是说，人之为人在于懂得礼义，人在成人之后应当穿着得体、行为得当、言辞和顺，不应再像顽皮的孩童一样什么都不管不顾。我国古代社会的基本伦理关系是父子、兄弟、君臣、夫妇、朋友，一个长大成年的人，应当懂得“人义”，即做人的基本要求。何谓人义？《礼记·礼运》说：“父慈子孝，兄良弟悌，夫义妇听，长惠幼顺，君仁臣忠。十者谓之人义。”人年满二十，行过“冠礼”之后，便应认同这些人伦、实践这些“人义”。人们行过“冠礼”后，就应树立正确的人生方向、形成是非判断能力。就像宫室有墙有屋，房屋可以遮挡风雨，但还需要随时清扫；人有了正确目标，还需要继续修为，随时纠正偏失。显然，“冠礼”所昭示的正确人生路向十分紧要。人要“成人”向善，就应当自觉遵守社会规范，按照礼的标准行事。

思考寄语

青少年时期是道德人格养成的关键阶段，也是人生观确立的重要时期。在任何时代，青少年的人格养成教育都十分重要。古人将“成人”礼仪看作青少年人格养成教育不可或缺的一环，其中的合理成分值得我们继承和发扬。

20 击　鼓

诵读主体

击鼓其镗，踊跃用兵。土国城漕，我独南行。
从孙子仲，平陈与宋。不我以归，忧心有忡。
爰居爰处？爰丧其马？于以求之？于林之下。

死生契阔，与子成说。执子之手，与子偕老。
于嗟阔兮，不我活兮。于嗟洵兮，不我信兮。

知人论世

《诗经》是我国第一部诗歌总集。它汇集了从西周初年到春秋中叶，也就是公元前1100年至公元前600年，约500多年间的诗歌305篇。

《诗经》在先秦叫作《诗》，或者取诗的数目整数叫《诗三百》，本来只是一本诗集。但是，从汉代起，儒家学者把《诗》当作经典，尊称为《诗经》，与《书》《礼》《易》《春秋》并称“五经”。

《诗经》中的诗当初都是配乐的歌词，按当初所配乐曲的性质，分成风、雅、颂三类。

“风”的意思是土风、风谣，也就是各地方的民歌民谣。“风”包括了15个诸侯国的民歌，即“十五国风”，共160篇，占了诗经的一半以上。与《雅》《颂》相比，《风》显得活泼，生活气息更浓，如开篇《关雎》写初涉爱河的青年，《静女》写恋爱时的微妙心理。

“雅”是正声雅乐，是正统的宫廷乐歌。“雅”分为“大雅”和“小雅”，一共有105篇。“大雅”用于隆重盛大宴会的典礼；“小雅”则用于一般宴会的典礼。

“颂”是祭祀乐歌，用于宫廷宗庙祭祀祖先，祈祷赞颂神明，现存共40篇。

《诗经》是中国韵文的源头，它内容丰富，对周代社会生活的各个方面，如劳动与爱情、战争与徭役、压迫与反抗、风俗与婚姻等都有所反映。被誉为古代社会的人生百科全书。

阅读鉴赏

击鼓的声音震响（耳旁），兵将奋勇操练。（人们）留在国内筑漕城，只有我向南方行去。

孙子仲平定陈、宋（两国）。不允许我回家，（使我）忧心忡忡。

于是人在哪里？于是马跑失在哪里？到哪里去寻找它？在山间林下。

生死聚散，我曾经对你说（过）。拉着你的手，和你一起老去。

唉，太久。让我无法（与你）相会。唉，太遥远，让我的誓言不能履行。

邶（bèi）风，为《诗经》“十五国风”之一，共19篇，均为邶地民歌，《击鼓》

是其中较为著名的一首。一般来说，这是一首战争诗，歌颂战友间同生共死的深厚友谊。

主人公是一位久戍不归的卫国征夫，他痛恨战争，渴望回归家乡，可残酷的现实生生撕碎了他的念想——他不得不随公孙文仲（诗中的孙子仲）去营救被宋国围攻的陈国。

诗一开始就笼罩在紧张的战争氛围中——“击鼓其镗，踊跃用兵”。有的人在为战争而操练，有的在挖土修城，唯独“我”离开国家，“从孙子仲，平陈与宋”，如果此行很快就能返家，也许诗人不会这么“忧心”，“不我以归”（不让我回家）才是作者愤懑的原因所在。

到了第三节，情况变得更加糟糕。“爰居爰处？爰丧其马？”诗人在征途中找不到住的地方，而他所骑的马又跑丢了，到哪里能找到它呢？它都已经消失在森林中了。绝望之下，诗人想到了当初与战友的盟约——“死生契阔，与子成说。执子之手，与子偕老”，我们一起立下誓言，无论生死离合，我们都要手牵着手，共赴战场。这几句战友之间共勉的话语，铿锵有力，充满凝聚力，也体现了作为个体的人所应该具备的团结互助意识。

最后一节，情绪又降到最低，诗人认识到了悲惨的现实——“于嗟阔兮，不我活兮。于嗟洵兮，不我信兮”，我们相距太遥远了，很难有机会重逢；我们分别了太久，当初的誓言很难坚守下去了。“阔”是空间上的阻隔，“洵”是时间上的阻隔，双重的阻隔再一次将诗人逼到绝境，同时也有力地揭示出诗人对战争的痛恨厌恶之情。

关于最后两节，很多人更偏向于“歌颂爱情”的主题：诗人在绝望中回忆起当年与妻子执手泣别的情形，他对她说，无论生死离合，我与你都说好了，此生牵着你的手，与你共白头，可如今我们相隔万里，多年未见，那个誓言我恐怕坚守不下去了。这两节反映了夫妻间深沉、坚贞的爱情，然而，此种感情最终被战争消磨殆尽，这样就更深刻地揭示出“厌战”的主题。

思考寄语

战争是残酷的，每一场战争都让无数人妻离子散、家破人亡。而我们能生活在和平年代，也是无数先烈浴血奋战换来的，我们要珍惜这份来之不易的和平，更应该致敬在战争中牺牲的人。如今的时代，正经历着一场没有硝烟的战争，作为新时代的青年应牢记使命、坚定信念，为国家的繁荣富强作出贡献。

业道酬精
职场赢家

1 成功离你有多远

诵读主体

享受工作

汤姆士·立顿爵士有句名言:“艰苦工作是最好的娱乐。”其实,每个人都有自己的长处,在擅长的领域里都能够如鱼得水,乐在其中。那么是什么使人们远离了快乐,而痛苦地工作呢?回答往往是“人生奋斗”,所谓的“追求成功”的奋斗。

但除非你知道成功的目的何在,否则成功本身只能令你失去快乐。亚里士多德说:“人们将幸福作为终极目标来追求,而不是作为达到其他目的的手段。”仔细想一想,我们应当幸福地工作,而不是为了得到幸福而工作。你应当选择能够充分发挥自己潜力的工作和职业道路,只要能发挥你所长,无论你是小职员还是董事长,都能得到快乐和满足。

关于享受工作的最后一点,是保持幽默感,不要过于在意工作中的得失。史迪威将军说过:“保持微笑。猴子爬得越高你就越容易看到它的屁股。”

健康是本钱

当你上了年纪,很自然会有点啤酒肚,即使没有秃顶,头发也会变得花白。但是职业生涯之初的5~7年,是最容易忽视健康的时期。体育爱好者不再运动,滴酒不沾的人开始酗酒,吸烟的人烟抽得更凶了,活跃的人长时间坐在办公室里,曾经是饥肠辘辘的背包族,如今在豪华宾馆里饱餐美食。这是最需要警惕的几年。

我再次忠告,千万不要为自己找借口,比如你太忙、你没有运动设施,或最糟糕的,你是为了放松自己,释放职业压力。职业生涯的确充满压力。但只有一个人能帮助你应付紧张感,免遭疾病之苦,让你每天早晨感觉良好,那个人就是你自己。上天给了我们最初的健康,这有点像银行存款,让它增长、保值,当心不要让它破产,否则对你的惩罚是非常严厉的。

方向比距离重要

每个高尔夫球手都尽力把球打得更远，这项运动要求几个动作同时进行，高度协调，在此过程中，各种错误都可能发生。高尔夫球教练总是教导说，方向比距离更重要。人生同样如此。

无论一个人有多努力，总有浮沉起落，能帮助他的生命之舟驶出惊涛骇浪的是友谊和亲情。我年轻时看的一部电影令我终生难忘，那就是由弗兰克·卡普拉导演，詹姆斯·斯图尔特和唐娜·里德主演的《风云人物》。

电影讲的是一个人自认是失败者，决定自杀，结果天使拯救了他。这部电影告诉我们："有朋友的人就不是失败者。"

我们这一代人的20岁一去不复返了，但是当你们这一代人年事渐长，你们应该而且能够与我们这一代不同。要在世界的舞台上展现我们伟大祖国的真实潜力，有赖于你们青年人的素质和不懈努力。青年朋友们，祝你们在人生的旅途中好运常伴，上帝与你们同在，与我们亲爱的祖国同在。

知人论世

格帕拉克里斯南是当今印度最大的财团——塔塔集团董事会全球董事，本文是他在印度一所管理学院所作的演讲。作为一名商界精英，作者结合自己的人生经验，阐述了成功需要具备的一些条件：要"主动寻求基层经验""期望应与实力相符""赢要赢得公平""方向比距离重要"，也提出了要"享受工作"，认识"健康是成功的本钱"。这些人生经验对于我们职业技术学校的学生来说，弥足珍贵。通过学习，我们要正确认识成功的内涵，了解取得成功的正确途径、行为准则和方法，从而树立正确的职业观、人生观和价值观。

阅读鉴赏

课文的重点在于引导学生正确理解成功的含义，了解成功需要具备的一些条件，如要"主动寻求基层经验""期望应与实力相符""赢要赢得公平""方向比距离重要"等。还要引导学生明确获得成功的正确途径、原则和方法，从而树立正确的职业观、人生观和价值观。课文的难点在于厘清课文小标题与课文总标题之间的逻辑关系，理清文章的思路。先分析"成功离你有多远"，远近是距离概念，而距离概念是起点和终点之间的直线长度，所以总标题既是"怎样追求才能成功"的理性话题，又是衡量成功与否的形象尺度。"享受工作"是丈量"成功离你有多远”的途径和方法，在作者看来，“享受工作”无疑是接近成功的最短距离，“应当幸福地工作，而不是为了得到幸福而工作”，“只要能发挥你所长，无论你是小职员还是董事长，都能得到快乐和满足”。“健康是本钱”指出在通往成功的途中，健康是前提和基础，也是目的和归宿，没有健康，一切行为将变得缺乏价值和意义。“方向比距离更重要”呼应课文标题，指出要想“丈量”与成功之间的距离，就要把握正确的方向，因为只有方向正确，才有可能衡量出正确的、有效的距离。

成功是一个永恒的话题，时刻受到人们的关注。作者本文思路清晰、主题明确，而且小标题本身就是富有哲理的箴言警句，是迈向成功的行动指南。文中大量引用名言警句和具体事例，增强了说理的权威性和可信度。作者语言平实、语重心长，体现了较强的亲和力和说服力。

思考寄语

陕西农村，陈忠实在接到编辑对《白鹿原》的肯定后，笑着说终于可以不再养鸡了。成功者都是万里挑一的人，你如果足够幸运，你会遇见他们。他们的特点就是一直在努力，梦想听起来不切实际，过得日子比你差，也没人知道他们这辈子能否成功。并且还有最关键的一条——他们受尽非议，却毫不动摇。

2 傅雷家书

诵读主体

聪，亲爱的孩子！

期待了一个月的结果终于揭晓了，多少夜没有好睡，十九晚更是神思恍惚，昨（二十日）夜为了喜讯过于兴奋，我们仍没睡着。先是昨晚五点多钟，马太太从北京来长途电话；接着八时许无线电报告（仅至第五名为止），今晨报上又披露了十名的名单，难为你，亲爱的孩子！你没有辜负大家的期望，没有辜负祖国的寄托，没有辜负老师的苦心指导，同时也没辜负波兰师友及广大群众这几个月来对你的鼓励！

也许你觉得应该名次再前一些才好，告诉我，你是不是有“美中不足”之感？可是别忘了，孩子，以你离国前的根基而论，你七个月中已经作了最大的努力，这次比赛也已经do your best（尽力而为）。不但如此，这七个月的成绩已经近乎奇迹。想不到你有这么些才华，想不到你的春天来得这么快，花开得这么美，开到世界的乐坛上放出你的异香。东方升起了一颗星，这么光明，这么纯净，这么深邃；替新中国创造了一个辉煌的世界纪录！我做父亲的一向低估了你，你把我的错误用你的才具与苦功给点破了，我真高兴，我真骄傲，能够有这么一个儿子把我错误的估计全部推翻！妈妈是对的，母性的伟大不在于理智，而在于那种直觉的感情；多少年来，她嘴上不说，心里是一向认为我低估你的能力的；如今她统统向我说明了。我承认自己的错误，但是用多么愉快的心情承认错误：这也算是一个奇迹吧？

回想到一九五三年十二月你从北京回来，我同意你去波学习，但不鼓励你参加比赛，还写信给周巍峙要求不让你参加：虽说我一向低估你，但以你那个时期的学力，我的看法也并不全错。你自己也觉得即使参加，未必有什么把握。想你初到海滨时，也不见得有多大信心吧？可见这七个月的学习，上台的经验，对你的帮助简直无法形容，非但出于我们意料之外，便是你以目前和七个月以前的成绩相比，你自己也要觉得出乎意料之外，是不是？

今天清早柯子歧打电话来，代表他父亲母亲向我们道贺。子歧说：与其你光得第二，宁可你得第三，加上一个玛祖卡奖的。这句话把我们心里的意思完全说中了。你自己有没有这个感想呢？

再想到一九四九年第四届比赛的时期，你流浪在昆明，那时你的生活，你的苦闷，你的渺茫的前途，跟今日之下相比，不像是作梦吧？谁想得到，五一年回上海时只弹Pathetique Sonata（悲怆奏鸣曲）还没弹好的人，五年以后会在国际乐坛的竞赛中名列第三？多少迂回的路，多少痛苦，多少失意，多少挫折，换来你今日的成功！可见为了获得更大的成功，只有加倍努力，同时也得期待别的迂回，别的挫折。我时时刻刻要提醒你，想着过去的艰难，让你以后遇到困难的时候更有勇气去克服，不至于失掉信心！人生本是没穷尽没终点的马拉松赛跑，你的路程还长得很呢：这不过是一个光辉的开场。

回过来说：我过去对你的低估，在某些方面对你也许有不良的影响，但有一点至少是对你有极大的帮助的。唯其我对你要求严格，终不至于骄纵你，——你该记得罗马尼亚三奖初宣布时你的愤懑心理，可见年轻人往往容易估高自己的力量。我多少年来把你紧紧拉着，至少养成了你对艺术的严肃的观念，即使偶尔忘形，也极易拉回来。我提这些话，不是要为我过去的做法辩护，而是要趁你成功的时候特别让你提高警惕，绝对不让自满和骄傲的情绪抬头。我知道这也用不着多嘱咐，今日之下，你已经过了这一道骄傲自满的关，但我始终是中国儒家的门徒，遇到极盛的事，必定要有“如临深渊，如履薄冰”的格外郑重、危惧、戒备的感觉。

说到“不完整”，我对自己的翻译也有这样的自我批评。无论译哪一本书，总觉得不能从头至尾都好；可见任何艺术最难的是“完整”！你提到perfection［完美］，其实perfection［完美］根本不存在的，整个人生，世界，宇宙，都谈不上perfection［完美］。要就是存在于哲学家的理想和政治家的理想之中。我们一辈子的追求，有史以来多少世代的人的追求，无非是perfection［完美］，但永远是追求不到的，因为人的理想、幻想，永无止境，所以perfection［完美］像水中月、镜中花，始终可望而不可及。但能在某一个阶段求得总体的“完整”或是比较的“完整”，已经很不差了。

比赛既然过去了，我们希望你每个月能有两封信来。尤其是我希望多知道：(1)国外音乐界的情形；(2)你自己对某些乐曲的感想和心得。千万抽出些功夫来！以后不必再像过去那样日以继夜的扑在琴上。修养需要多方面的进行，技巧也得长期训练，切勿操之过急。静下来多想想也好，而写信就是强迫你整理思想，也是极好的训练。

知人论世

傅雷（1908—1966），字怒安，号怒庵，生于江苏省南汇县下沙乡（今上海市浦东新区航头镇），是中国著名的翻译家、作家、教育家、美术评论家。

他早年留学于法国巴黎大学，精通法语。后来翻译了大量的法文作品，其中包括巴尔扎克、罗曼·罗兰、伏尔泰等名家著作。他有两个儿子，傅聪和傅敏，傅聪后来成为世界范围内享有盛誉的钢琴家，傅敏成了一名英语教师。

傅雷先生是一个严厉、尽责的父亲，在儿子长大成人、留学海外期间，仍通过书信的方式对儿子的生活、艺术进行悉心指导。《傅雷家书》就是由傅雷先生及夫人朱梅馥写给儿子傅聪的家信和傅聪的部分回信摘编而成的。它全面展示了傅雷的家风，以及傅雷先生“真诚待人，认真做事”的生活准则。

《傅雷家书》贯穿全书的情感线索，是希望儿子能够知道国家的荣辱、艺术的尊严，能够用严肃的态度对待一切，能够做一个“德艺俱备、人格卓越的艺术家”。

阅读鉴赏

1955年，傅聪参加了第五届肖邦国际钢琴大赛，这是钢琴界最高级别的赛事之一，在这届比赛上，傅聪发挥出色，获得第三名“玛祖卡”最优奖的好成绩，这是东方人首次在这样的国际比赛中拿到这么高的奖项。傅雷在信中写道：“难为你，亲爱的孩子！你没有辜负大家的期望，没有辜负祖国的寄托！……东方升起了一颗星，这么光明，这么纯净，这么深邃；替新中国创造了一个辉煌的世界纪录！我做父亲的一向低估了你，你把我的错误用你的才具与苦功给点破了，我真高兴，我真骄傲，能够有这么一个儿子把我错误的估计全部推翻！……我承认自己的错误，但是用多么愉快的心情承认错误。”这些热烈的鼓励和真诚的道歉表达了傅雷由衷的自豪和喜悦。儿子有出息了，父母终于再也不用装出不苟言笑的冷脸，向儿子敞开了心扉。

傅雷对儿子的爱是热切的、真诚的，在儿子离开之后，他努力转变父子之间的相处模式。傅雷对傅聪要求非常严格，在傅聪离开中国到波兰留学的当天，作为父亲的他，晚上就写了这样的一段文字：“孩子，我虐待了你，我永远对不起你，我永远补赎不了这种罪过！这些念头整整一天没离开过我的头脑，只是不敢向你妈妈说。人生做错了一件事，良心就永久不得安宁！真的，巴尔扎克说得好：有些罪过只能补赎，不能洗刷！”傅雷作为接受传统教育成长起来的知识分子，有“严父慈母”的思想是情理中的事，严格管教聪慧的傅聪，也应该是常态。为了儿子的将来，把“打在儿身上，疼在父母心”的爱子之情一直压抑着，终于在傅聪离开当天喷薄而出。他向儿子坦陈了自己的爱，对儿子表达了忏悔，没有请儿子原谅，因为他知道，“赎罪”不是靠嘴上说，而是要靠行动。

他开始补赎自己对儿子的严厉，坦诚地向儿子认错，把自己定位成儿子的朋友。为了尽可能地帮助儿子，他以书信的方式跟儿子探讨艺术。要知道，一封信从上海寄到波兰，当年至少要9天时间，收到回信的傅聪若能当天就寄出回信，傅雷至少要等18天。按常理说，父子俩一年的通信不会超过20封。而书中收录的傅雷写给傅聪的信里，单1954年一年就有39封，可见，傅雷往往是没有等到傅聪回信就再次写信了。

儿子没有辜负自己的期望，为祖国夺得了荣誉，傅雷深感骄傲，他一方面对儿子热烈赞扬，另一方面，他不忘提醒孩子：绝对不让自满和骄做的情绪抬头。并以自己为例告诉孩子不要盲目追求完美。

思考寄语

《傅雷家书》是中学生必读书籍，傅雷对儿子的教育可谓呕心沥血，书中充满对孩子的爱，对祖国的爱和对艺术的追求与思考。傅聪所取得的成就与傅雷的精心培育是分不开的，作为未来的父母，我们肯定也希望子女有所成就，读读《傅雷家书》，学学傅雷夫妇的教子之道是十分必要的。

3 大国工匠：高凤林（节选）

诵读主体

焊枪是针，弧光是线，他追寻着焊光，在火箭发动机的“金缕玉衣”上焊出了一片天。

他就是中国航天科技集团一院首都航天机械公司特种熔融焊接工、火箭发动机焊接车间班组长，国家高级技师——高凤林。

当年我国卫星发射成功后，年幼的高凤林曾问父母：“卫星是怎么飞到天上去的？”当他以优异的成绩从中学毕业面临抉择时，母亲一句“报考七机部技校吧，去解你小时候的迷惑”。从此，他便与航天结下了不解之缘。

迈出校门的高凤林，走进了人才济济的火箭发动机焊接车间氩弧焊组，跟随我国第一代氩弧焊工学习技艺。师傅给学员们讲中国航天艰难的创业史，讲航天产品成败的深远影响，还有党和国家对航天事业的关怀和鼓励。从那时起，“航天”两个字深深镌刻在高凤林的内心。

为了练好基本功，他吃饭时习惯拿筷子比画着焊接送丝的动作，喝水时习惯端着盛满水的缸子练稳定性，休息时举着铁块练耐力，更曾冒着高温观察铁水的流动规律。渐渐地，高凤林积攒的能量迸发了出来。

20世纪90年代，为我国主力火箭长三甲系列运载火箭设计的新型大推力氢氧发动机，其大喷管的焊接曾一度成为研制瓶颈。火箭大喷管的形状有点儿像牵牛花的喇叭口，是复杂的变截面螺旋管束式，延伸段由248根壁厚只有0.33毫米的细方管通过工人手工焊接而成。全部焊缝长达近900米，管壁比一张纸还薄，焊枪停留0.1秒就有可能把管子烧穿或者焊漏，一旦出现烧穿和焊漏，不但大喷管面临报废，损失百万，而且影响火箭研制进度和发射日期。高凤林和同事经过不断摸索，凭借高超的技艺攻克了烧穿和焊漏两大难关……就此，第一台大喷管被成功送上了试车台，这一新型大推力发动机的成功应用，使我国火箭运载能力得到大幅提升。

人们把用比金子还贵的氩气培养出来的焊工称为“金手”。高凤林是“金手天焊”，他之所以成为大国工匠，不仅因为他练就了一手绝活，还因为他焊接的对象十分金贵，是有火箭“心脏”之称的发动机，更因他在火箭发动机焊接专业领域达到了常人难以企及的高度。

“事业为天，技能是地”，高凤林参加工作35年来，默默奋战在火箭发动机系统焊接第一线，他敢为人先、勇于创新，艰苦奋斗、甘于奉献，为中国航天事业的发展做出了突出贡献。

（选自《中国人才》）

知人论世

高凤林，男，汉族，1962年3月生，河北东光人，1991年12月加入中国共产党，1980年9月参加工作，大学本科学历，学士学位，高级技师，全国劳动模范，全国五一劳动奖章获得者，全国国防科技工业系统劳动模范，全国道德模范，全国技术能手，首次月球探测工程突出贡献者，中华技能大奖获得者，中国质量奖获奖者，2009年获国务院政府特殊津贴。2018年“大国工匠年度人物”。2019年9月25日，高凤林获“最美奋斗者”个人称号。

现任中国航天科技集团有限公司第一研究院211厂14车间高凤林班组组长，第一研究院首席技能专家，中华全国总工会副主席（兼）。

阅读鉴赏

1978年至1980年，高凤林成为第七机械工业部第一研究院211厂技工学校焊接专业学生。1980年至今，一直在第七机械工业部（1982年改名为航空航天工业部，2005年更名为中国航天科技集团公司）第一研究院211厂14车间做工人。1991年10月成为技师，1997年9月成为高级技师。2000年12月成为航天特级技师。在此期间，他从没有放弃学习，2000年至2003年在北京理工大学计算机科学与技术专业学习，获学士学位，2012年成为第一研究院首席技能专家。

2006年，由世界16个国家和地区参与的反物质探测器项目，因为低温超导磁铁的制造难题陷入了困境。来自国际和国内的两批技术专家提出的方案，都没能通过美国国家航空航天局（NASA）主导的国际联盟的评审。一筹莫展时，诺贝尔奖获得者丁肇中教授打听到了高凤林，请他出手相助。高凤林到现场调研考证后很快指出症结，陈述了自己的设计方案，并最终获得美国宇航局和国际联盟的认可。

多年来高凤林共攻克难关96项，1994年以最佳焊缝成型第一个获得美国ABS焊接认证，受到美国船检官员的称赞并首推该试件为工艺评定试件。多次作为厂、院、北京市焊接教练、集团公司命题组长参加全国比赛，并取得好成绩。著有论文多篇，分别发表于《航天制造技术》《航天产品应用焊接技术》等刊物。由于贡献突出，其事迹多次被收入《中华名人录》《当代人才》《国际人才》等期刊和中央电视台“实话实说”“焦点访谈”等栏目。

自参加工作以来，安心一线工作，多次谢绝了外界高薪聘请，工作加班加点、任劳任怨、刻苦钻研，技术精益求精，是公司青年尤其是青年工人的楷模。

思考寄语

正所谓三百六十行，行行出状元，不管是什么行业，只要努力干到前列，都能够收获成功。焊工一向被看作普通的行业，似乎没有什么技能可言，无论是谁都能做，但高凤林却把这个行业做到了极致。他也是技校毕业，但他通过努力，使焊工成为令人仰慕的职业，他自己也成为国宝级焊工，是名副其实的大国工匠。像高凤林这样的例子还有很多，他们的共同点就是默默坚守，孜孜以求，在平凡岗位上，追求职业技能的完美和极致。我们应当以他们为榜样，发挥工匠精神，当我们把平凡的工作变得不平凡时，我们自己也就成了不平凡的人。

4 王冕传

诵读主体

王冕者，诸暨人。七八岁时，父命牧牛陇上，窃入学舍听诸生诵书，听已，辄默记，暮归，忘其牛。或牵牛来责蹊田，父怒，挞之，已而复如初。母曰："儿痴如此，曷不听其所为？"冕因去，依僧寺以居。夜潜出，坐佛膝上，执策映长明灯读之，琅琅达旦。佛像多土偶，狞恶可怖，冕小儿，恬若不见。安阳韩性闻而异之，录为弟子，学遂为通儒。性卒，门人事冕如事性。时冕父已卒，即迎母入越城就养。久之，母思还故里，冕买白牛，驾母车，自被古冠服随车后。乡里儿竞遮道讪笑，冕亦笑。……冕屡应进士举，不中。叹曰："此童子羞为者，吾可溺是哉？"竟弃去。买舟下东吴，渡大江，入淮楚，历览名山川。或遇奇才侠客，谈古豪杰事，即呼酒共饮，慷慨悲吟，人斥为狂奴。北游燕都，馆秘书卿泰不花家。泰不花荐以馆职，冕曰："公诚愚人哉！不满十年，此中狐兔游矣，何以禄仕为？"即日将南辕，会其友武林卢生死滦阳，唯两幼女、一童留燕，伥伥无所依。冕知之，不远千里走滦阳，取生遗骨，且挈二女还生家。……冕状貌魁伟，美须髯，磊落有大志，不得少试以死，君子惜之。

知人论世

宋濂（1310—1381），初名寿，字景濂，号潜溪，别号龙门子、玄真遁叟等，汉族。祖籍金华潜溪（今浙江义乌），后迁居金华浦江（今浙江浦江）。元末明初著名的政治家、文学家、史学家、思想家，与高启、刘基并称为"明初诗文三大家"，又与章溢、刘基、叶琛并称为"浙东四先生"。被明太祖朱元璋誉为"开国文臣之首"，学者称其为太史公、宋龙门。

宋濂自幼多病，且家境贫寒，但他聪敏好学，号称"神童"。曾受业于闻人梦吉、吴莱、柳贯、黄溍等人。元末时辞去朝廷征命，开始修道著书。明初时受朱元璋礼聘，为太子朱标讲经，被尊为“五经”师。洪武二年（1369），奉命主修《元史》。后逐步升官至翰林学士承旨、知制诰，当时的朝廷礼仪大多是他制定的。洪武十年（1377）以年老为由辞官还乡，后因长孙宋慎牵连胡惟庸案而被流放茂州，途中于夔州病逝，享年72岁。明武宗时追谥他为“文宪”，故称“宋文宪”。

宋濂与刘基均以散文创作闻名，并称为“一代之宗”。其散文或质朴简洁，或雍容典雅，各有特色。他推崇台阁文学，文风淳厚飘逸，为其后“台阁体”作家的文学创作提供了范本。其作品大部分被合刻为《宋学士全集》七十五卷。

阅读鉴赏

王冕，诸暨人。七八岁时，父亲要他在田垄上放牛，他偷偷地溜进学堂听学生们念书，听了就默默记在心里，晚上回来竟忘了牵牛。有人把牛牵回来，责备说王冕踩了他们的田，他的父亲生气了，狠狠地用鞭子和棍子打他，可他事后还是一样。他母亲说：“孩子对读书痴迷成这样，你为什么不让他做他想做的事情呢？”王冕于是离开家，寄居在寺庙里，晚上就偷偷出来，在佛像的大腿上坐着，手捧着书就着长明灯诵读，一直读到天亮。佛像大多数是土造的，形貌狰狞恐怖，王冕是个小孩子，但他安静坦然得好像什么都没看见一样。安阳的韩性听说后感到很惊奇，便把他收作弟子，学习儒学，后来成为通晓儒学的人。韩性死后，他的门人对待王冕就像对待韩性一样尊重。当时王冕的父亲已经去世，他就把母亲接到越城去奉养。后来因为母亲想念故乡而回故乡，他买了头白牛，拖着母亲的车，自己则穿戴着旧的衣服帽子跟在车后。乡间的孩童争相观看讪笑，王冕也笑。

王冕多次考进士，但都落第了。他叹道：“这是小孩子都觉得羞愧的，我怎么可以沉溺其中呢？”最后就放弃了。他雇了艘船下东吴，过大江，进入淮、楚等地，游遍名山大川。有时遇到奇才侠客，谈及古时豪杰事迹，当即就一起喝酒，吟诗抒发慷慨悲愤之情，别人都说他是狂奴。当往北到了燕京时，住在秘书卿泰不花家。泰不花推荐他在史馆供职，他说：“你真是愚昧啊！不出十年，这里就变成狐狸兔子游玩的地方了，还当什么官？”那天将要往南归，碰上他朋友卢生死在滦阳，只剩两个幼女、一个书童留在燕京，不知道怎么办。

王冕知道后，不远千里去到滦阳，取回卢生的骸骨，并带两个幼女回到她们家。

王冕相貌魁伟，长着漂亮的胡子，他为人心胸开阔，有远大的志向，但还没有得到施展就死了，令人惋惜。

这篇文章选自《宋文宪公全集》卷二十七。王冕为元末的画家兼诗人，著有

《竹斋集》。他的事迹在民间广为流传，我们小学时就学过他自学画荷花的故事，名著《儒林外史》也以王冕的故事为开端。这篇文章即记载了他的生平。他出身农家，经过自己的苦学，终成通儒。他有傲岸的个性，不肯屈身为“备奴使”的小吏；他具有预见性，看到元末天下将大乱，不肯出仕，隐居九里山，以卖画为生。宋濂笔下的王冕，写得鲜明生动，个性突出，后来为《明史》所采用。

思考寄语

王冕是自学成才的典范，他身处逆境，但始终不忘学习。从经历上看他与作者宋濂非常相似：都是浙江人，都是家境贫寒，都是努力学习（见《送东阳马生序》），而且有远见有傲骨，对元朝的征辟辞而不就。宋濂为王冕作传，从某种角度来说也是为自己作传。业精于勤在两人身上得到了完美的体现，他们都是通过学习改变人生，身处逆境仍然发愤图强，他们是每个读书人学习的榜样。

5 《精骑集》序（节选）

诵读主体

予少时读书，一见辄能诵。暗疏之，亦不甚失。然负此自放，喜从滑稽饮酒者游。旬朔之间，把卷无几日。故虽有强记之力，而常废于不勤。比数年来，颇发愤自惩艾，悔前所为；而聪明衰耗，殆不如曩时十一二。每阅一事，必寻绎数终，掩卷茫然，辄复不省。故虽然有勤劳之苦，而常废于善忘。嗟夫！败吾业者，常此二物也。比读《齐史》，见孙搴答邢词曰："我精骑三千，足敌君羸卒数万。"心善其说，因取经传子史之可为文用者，得若干条，勒为若干卷，题曰《精骑集》云。噫！少而不勤，无知之何矣。长而善忘，庶几以此补之。

知人论世

秦观（1049—1100），字少游，一字太虚，号淮海居士，别号邗沟居士，高邮军武宁乡左厢里（今江苏省高邮市三垛镇少游村）人。北宋婉约派词人。

秦观年少时同苏轼出游，王安石十分欣赏他的诗。元丰八年（1085）考中进士。元祐初，因苏轼推荐出任太学博士，后升为秘书省正字兼国史院编修官。绍圣元年（1094），被贯以元祐党籍，外调为杭州通判。又被人以"影附苏轼，增损《实录》"为由弹劾，贬去监处州酒税。后接连遭贬谪，编管雷州。元符三年（1100），复命为宣德郎，放还横州，卒于藤州（今广西藤县）。

秦观善诗赋策论，与黄庭坚、晁补之、张耒合称"苏门四学士"。尤善工词，为北宋婉约派重要作家。所写诗词高古沉重，寄托身世，感人至深。长于议论，文丽思深，兼有诗、词、文赋和书法等多方面的艺术才能，尤以婉约之词驰名于世。著作有《淮海词》3卷100多首，宋诗14卷430多首，散文30卷共250多篇。著有《淮海集》40卷、《劝善录》、《逆旅集》等。

《精骑集序》是北宋文学家秦观为其《精骑集》所作的一篇序。这篇文章叙述了作者少年时候不专心读书，荒怠学业，后来发愤勤苦，而常废于善忘，最后作者从《齐史》孙搴答邢词中得到启发，从而广摘经传子史之文章，遂为《精骑集》。全文格致老成，情挚而意切。这篇文章作者立足于自身经验来谈，告诫后辈一定要专心治学，引此为戒。

阅读鉴赏

我年轻时读书，常常看一遍就能熟记。默写文章，也没有什么差错。可后来倚仗自己记忆力强便放纵自流，喜欢和一些能言善辩好饮酒的人交游。一个月中，没有几天时间在看书。因此，我虽然记性好，却常常因为不勤奋而荒废了学业。

近几年来，我常发愤读书以惩戒自己，对以前的所作所为很是后悔，可聪明耗损，几乎不如过去的十分之一二。每阅读一篇文章，一定要从头至尾看几遍，可合上书后心中就一片空白，再也记不起文章内容了。因此，我虽然勤奋下苦功读书，却常常因为善忘而荒废了学业。

唉！毁坏我学业的，就是不勤奋和善忘这两件事呀！最近读《齐史》，看到孙搴答邢词中有这样的句子："我有精悍的骑兵三千人，可以抵你羸弱的小卒（小兵）几万人。"心中赞同喜欢这个说法，于是摘取了"经""传""子""史"中在写文章时可以用到的语句，摘录几千条，编为几卷，取名为《精骑集》。

啊！年轻时不勤奋，无可奈何啊。成年后善忘，也许可以用这个来补救吧。

本文是秦观为自编的古文选本《精骑集》作的序。序文交代了编选的因由、选本的内容和题名的用意。作者自叙少时"有强记之力，而常废于不勤"，近数年来，颇为后悔。于是发愤以自惩戒，可是，"虽然有勤苦之苦，而常废于善忘"。为了弥补善忘之苦，他编辑了这个选本。而这篇序文正是从自己切身体会中概括出的具有普遍意义的人生经验。

在这篇序文中的前两段，作者自责自己年轻时不趁着记忆力好多读书，以及后来之"失"与"得"。"予少时读书，一见辄能诵"，然而"虽有强记之力，而常废于不勤"，是为失之；"比数年来，颇发愤自惩艾，悔前所为"，是为得之。但是已"聪明衰耗，殆不如曩时十一二"，这是作者的感叹。在秦观之父去世后，秦观曾一度与世俗滑稽人士饮酒交往，疏于读书。自以为记忆力很强，因而放纵自流，把读书置之脑后。有时十天或半月内只有难得几天会拿起书本。由于不专心读书，记忆力也衰退了。后来在母亲和老师的严格管教下，秦观感到后悔了，在这篇序里他毫不隐瞒地记下了当时的状况。年少时，过目成诵，于是自恃记忆力强而放纵自流，把读书的时间花到饮酒交游上。待知道发愤时，记忆力又已减退，即使比年少时勤苦，学习效果也不及年少时的十分之一二，令人可悲。古往今来，有多少这样"少小不努力"的人，但能反躬自省的没有几个。"故虽有勤劳之苦，而常废于善忘"。年长而醒悟，能以好的学习方法弥补少而不勤、长而善忘的毛病的人就更少了。秦观则是其中的凤毛麟角。正视生活的规律，以主观的努力夺回逝去的年华，总结人生的经验，以启迪来者珍惜宝贵的青春。这正是秦观超出常人之处，也是这篇书序最值得品味的地方。

第三段作者写自己读《齐史》，从古人对答中得到补救的启发，读书就像打仗一样，三千精骑足敌数万弱兵，所以从经、史、诸子中精选可供借鉴的篇章，编辑成书。文末"嘻！少而不勤，无如之何矣。长而善忘，庶几以此补之"。一部书的序言写得要言不烦、情真意切，连作者的精神也表露得如可触摸，感人至深。

此文是一篇书序，说理未占过多比重，主要靠以事明理。在序文中，作者并未离开选本去发表什么高论，但在交代编辑缘起、选文来源和标准、题名用意的同时，提供了许多令人品味的东西。这就是从自己切身体会中概括出具有普遍意义的人生经验。从这个意义上说，也可以把本文当作漫话人生哲理的劝学篇来读。

思考寄语

本文与王安石的《伤仲永》有异曲同工之处，都讲述了一个道理：一个人的天分是靠不住的，如果不学习，再好的天赋也会被浪费掉。荀子的《劝学》第一句就是"学不可以已"，只有不断地学习，人的能力才能由量变到质变，国家现在提倡终身学习就是这个道理。从学校毕业并不意味着学习的结束，相反，这是一个开始，是我们由学习书本知识到学习社会知识的开始。

6 郑玄传

诵读主体

（郑玄）以山东无足问者，乃西入关，因涿郡卢植，事扶风马融。融门徒四百余人，升堂进者五十余生。融素骄贵，玄在门下，三年不得见，乃使高业弟子传授于玄。玄日夜寻诵，未尝怠倦。会融集诸生考论图纬，闻玄善算，乃召见于楼上。玄因从质诸疑义，问毕辞归。融喟然谓门人曰："郑生今去，吾道东矣。"玄自游学，十余年乃归乡里。家贫，客耕东莱，学徒相随已数百千人。

知人论世

本文选自《后汉书》，《后汉书》是"二十四史"之一，是一部记载汉朝东汉时期历史的纪传体断代史，由中国南朝宋时期的历史学家范晔编撰。与《史记》《汉书》《三国志》合称“前四史”。

《后汉书》中分十纪、八十列传和八志（取自司马彪《续汉书》），全书主要记述了上起东汉的汉光武帝建武元年（25），下至汉献帝建安二十五年（220），共195年的史事。

《后汉书》大部分沿袭《史记》《汉书》的现成体例，但在成书过程中，范晔根据东汉时期一代历史的具体特点，在前人的撰史经验上则又有所创新，有所变动。

《后汉书》结构严谨，编排有序。如八十列传，大体是按照时代的先后顺序进行排列的。最初的三卷为两汉之际的风云人物，其后的九卷是光武时代的宗室王侯和重要将领。

范晔（398—445），南朝宋史学家，字蔚宗，顺阳（今河南南阳淅川县）人。官至左卫将军、太子詹事。宋文帝元嘉九年（432），范晔因为“左迁宣城太守，不得志，乃删众家《后汉书》为一家之作”，开始撰写《后汉书》，至元嘉二十二年（445）以谋反罪被杀止，写成了十纪、八十列传。原计划作的十志，未及完成。今本《后汉书》中的八志30卷，是南朝梁刘昭从司马彪的《续汉书》中抽出来补进去的。

阅读鉴赏

由于在崤山以东地区感到没有值得求问的人了，郑玄便西行进入关中，通过涿郡卢植的介绍，尊奉扶风郡马融为师。马融的门徒有四百多人，登堂入室的有50多位。马融素来声望显赫而对人怠慢，郑玄待在他的门庭之下，三年都不能见到他一面，他竟指派他身边学业优秀的弟子给郑玄传授学问。郑玄日夜推求学理诵读经籍，不曾有丝毫松懈倦怠。正好马融召集门徒考查论证图谶和纬书的象理，听说郑玄善于算学，便将郑玄召到楼上去见他，郑玄便趁机向他问询自己不能理解的疑难义理，问完之后就向他告辞回家去了。马融感慨地对门人说：“这位郑生现在离开了，我的教义就向东方传播了。”郑玄独自游学，十多年后才回到乡里。因他家庭贫困，便在东莱郡租种别人的田地，跟随他的学徒已有数百甚至上千人。

郑玄从小学习书数之学，到八九岁时就精通算术。十二三岁时，就能诵读和讲述《诗经》《尚书》《周易》《礼记》《春秋》这儒家“五经”了。同时，郑玄还喜欢钻研天文学，并掌握了“占候”“风角”“隐术”等一些以气象、风向的变化而推测吉凶的方术。

郑玄自少年时就一心向学，不尚虚荣，天性务实，有一件小事很能说明这个问题。他十一二岁的时候，曾随母亲到外祖家做客，当时客人很多，在座的十多位客人都衣着华美，打扮得焕然一新，一个个言语清爽、夸夸其谈，显得很有地位和派头。唯独郑玄默默地坐在一旁，似乎身份和才学都赶不上人家。其母见状，感到面上无光，便暗地督促他出头露面，显露点才华，表现点阔绰和神气。郑玄却不以为然，说这些庸俗的场面“非我所志，不在所愿也”。郑玄16岁的时候，不但精通儒家经典，详熟古代典制，而且通晓谶纬方术之学，又能写得一手好文章，被大家称为“神童”。成年以后他仍然四处求学，虽名满天下，却一心著书，守节不仕。后来，袁绍与曹操的大军在官渡（今河南中牟县东北）会战。袁绍为壮声势，争取民心和士望，叫袁谭逼迫郑玄随军，郑玄无奈，只好抱病而行。走到元城（今河北大名县境），病势加重，不能再走了，同年六月病逝于该县，享年74岁。临危和病重之时，他还在注释《周易》。

郑玄治学以古文经学为主，兼采今文经学。他遍注儒家经典，以毕生精力整理古代文化遗产，使经学进入了一个“小统一时代”。著有《天文七政论》《中侯》等书，共百万余言，世称“郑学”，为汉代经学的集大成者。唐贞观年间，列郑玄于二十二“先师”，配享孔庙。宋代时被追封为高密伯。后人建有郑公祠以纪念。

思考寄语

郑玄就是课文《劝学》中所说的“学不可以已”的典型例子。他从不自满，也不自负，读万卷书，行万里路，四处寻找名师，终身以学习为乐。《劝学》中所说的学习要积累、坚持和专一他都做到了，因此也达到了《劝学》中所说的“积善成德，而神明自得，圣心备焉”。最终他名列“先师”，配享孔庙，也被尊为圣人。他的成就告诉我们：学无止境，任何时候都不要自满，要持之以恒地终身学习。

7 清朝艺苑

诵读主体

亭林先生自少至老手不释书，出门则以一骡二马捆书自随。遇边塞亭障，呼老兵诣道边酒垆，对坐痛饮，咨其风土，考其区域。若与平生所闻不合，发书详正，必无所疑乃已。马上无事，辄据鞍默诵诸经注疏。遇故友若不相识，或颠坠崖谷，亦无悔也。精勤至此，宜所诣渊涵博大，莫与抗衡与！

知人论世

本文选自《清代名人轶事》，本书系绍兴人葛虚存于民国初年从众多清人的笔记小说、方志、文集、书牍、奏折、诗话中采集编纂而成，全书分学行、令节、治术、将略、文艺、怜才、吏治、先德、异征、度量、清操、科名、风趣、境遇、闺阁、杂录16类，共573则，记述了清代各式名人的各种逸闻趣事。

顾炎武（1613—1682），字宁人，号亭林，江苏昆山人。原名绛，明朝灭亡后改名炎武，以示抗清之志。明末清初著名思想家、史学家、语言学家。清兵入关之后，在南方积极开展抗清活动，事败后，潜心治学，坚决不仕。治学淹通文史，主张经世致用，著有《天下郡国利病书》《日知录》《音学五书》《顾亭林诗文集》等，与黄宗羲、王夫之并称明末清初三大儒。

顾炎武倾注了三十余年的心血，写就《日知录》三十二卷。“上篇经术，中篇治道，下篇博闻”（顾炎武《与人书》），内容广博，影响深远。

顾炎武强调做学问必须先立人格：“礼义廉耻，是谓四维”，提倡“天下兴亡，匹夫有责”。《日知录·正始》：“保天下者，匹夫之贱，与有责焉耳矣。”顾炎武学术的最大特色，是一反宋明理学的唯心主义玄学，而强调客观的调查研究，开一代之新风，提出“君子之为学，以明道也，以救世也。徒以诗文而已，所谓雕虫篆刻，亦何益哉？”

阅读鉴赏

顾炎武（字亭林）先生从小到老手都没放下过书（形容极爱看书，学习勤奋），出门就带一两匹瘦弱的骡子或马，让它们驮着书跟随自己。有时候到了边塞的岗亭和堡垒（障、城、亭、燧，都是古代驻军防戍的军事建筑，如堡垒、边塞岗亭），就找老兵到路边的小酒店一起畅饮，询问当地的风土人情，考察当地的地理。如果发现与自己以往了解的情况不相符合，他就翻书详细地订正，一定要到没有问题才停止。在马上空闲的时候，总是跨着马鞍默默背诵四书五经等经典，核对它们的注释文（对经典的解释叫“注”或“疏”）。遇到老朋友就像相互不认识（默诵经典太投入，没有注意到其他事），有的时候因此（太专心地辄据鞍默）跌落山谷，也不后悔。认真仔细到这个程度，他的学问博大精深，没有人能与他相比！

“天下兴亡，匹夫有责。”——许多人对顾炎武的最初认识，恐怕就源于这句充满爱国激情的名言。这位明末清初的爱国主义思想家、著名学者，自幼勤学。他6岁启蒙，10岁开始读史书、文学名著，对待读书做学问的态度老老实实，认认真真。

《顾炎武手不释卷》一文，用非常精简的语言，栩栩如生地刻画了一个好学不倦的顾炎武。凡顾炎武所到之处，书始终伴随左右，“以一骡二马捆书自随”，坐在马背上背诵经书，“偶有遗忘”，还要找书认真复习。可贵的是，顾炎武并不是读死书，一旦发现与平日所闻不合，还要打开书进行核对校正。正是有这一精神，顾炎武根据实地考察，完成了一部文献资料与实地历史考察相结合的著作——《天下郡书》。

思考寄语

“读万卷书，行万里路”，顾炎武无疑是这句话的践行者。他学问广博，但仍然不耻下问，亲自考察风土人情。这种精神值得我们学习。学生在学校里学的主要是理论，还要到职场去运用，通过实践，将理论活学活用，千万不能死搬教条。

8 张溥传

诵读主体

溥幼嗜学，所读书必手钞，钞已，朗诵一过即焚之，又钞，如是者六七始已。右手握管处，指掌成茧。冬日手皲，日沃汤数次。后名读书之斋曰“七录”。……溥诗文敏捷，四方征索者，不起草，对客挥毫，俄顷立就，以故名高一时。（选自《明史·张溥传》）

知人论世

张溥（1602—1641），初字乾度，一字天如，号西铭。江苏太仓人。明崇祯进士，选庶吉士，文学家。自幼发愤读书，明史上记有他“七录七焚”的佳话。张溥一生著作宏丰，编述三千余卷，涉及文、史、经学各个学科，精通诗词，尤擅散文、时论。他与同乡张采齐名，合称“娄东二张”。两人相互砥砺，崇尚节气，切磋文理，立志改革世风日下的文坛。天启四年（1624），二人在苏州创建复社。天启六年，撰写《五人墓碑记》，痛斥阉党。崇祯元年（1628），与张采一起，在太仓发起了驱逐阉党骨干顾秉谦的斗争，所撰散文脍炙人口，因此“二张名重天下”。崇祯二年（1629），组织和领导复社与阉党作斗争，复社的声势震动朝野。

《明史》是二十四史中的最后一部，共332卷，包括本纪24卷，志75卷，列传220卷，表13卷。它是一部纪传体断代史，记载了自明太祖朱元璋洪武元年（1368）至明思宗朱由检崇祯十七年（1644）这二百七十六年的历史。

在二十四史中，《明史》以编纂得体、材料翔实、叙事稳妥、行文简洁为史家所称道，是一部水平较高的史书。这反映出编者对史料的考订和运用、对史事的贯通、对语言的驾驭能力都达到了较高的水平。

阅读鉴赏

张溥小的时候就很好学，所读的书必然要手抄下来，抄完了，朗诵过了，就焚烧掉，然后又抄，像这样六七次才停止。他右手拿笔的地方，手指和手掌都磨出了老茧。到了冬天，他手上的皮肤都冻皲裂了，每天要把手放在热水里浸好几次。后来把他读书的房间称为“七录”。张溥写诗作文思路敏捷，各方人士向他索取诗文，他不打草稿，当着客人的面写作，一会儿就写好了。因为这个，他的名声在当时最响。

思考寄语

高君孟曾经亲自伏在案上抄书，别人因他年纪大，想替他抄，他不肯，并说道：“我亲自下笔书写（一遍），（其效果）能抵得上诵读十遍。”这就是我们平时所说的抄一遍等于读十遍。张溥读一本书要抄七次，相当于读七十遍，可见他天赋并不聪明，但他最终还是成为一代大学问家，靠的就是这个“勤”。华罗庚也说过：“勤能补拙是良训，一分辛劳一分才。”只要付出了辛勤的汗水，你一定会有所收获。

9 太平御览（节选）

诵读主体

王育少孤贫，为人佣，牧羊豕，近学堂。育常有暇拾薪，以雇书生抄书。后截蒲以学书，日夜不止。亡失羊豕，其主笞之。育将鬻己以偿，于是郭子敬闻而嘉之，代育还羊豕，给其衣食，令育与其子同学。育遂博通经史，仕伪汉，官至太傅。

知人论世

《太平御览》是宋代著名的类书，由李昉、李穆、徐铉等学者奉敕编纂。该书始编于北宋太平兴国二年（977）三月，成书于太平兴国八年（983）十月。

《太平御览》采以群书类集之，凡分55部550门而编为千卷，所以初名为《太平总类》。据说书成之后，宋太宗每天看3卷，一岁而读完，所以又更名为《太平御览》。

全书以天、地、人、事、物为序，分成55部，可谓包罗古今万象。书中共引用古书一千多部，保存了大量宋代以前的文献资料，但其中十之七八已经亡逸，更使本书弥足珍贵，是中国传统文化的宝贵遗产。

阅读鉴赏

王育小时候是一个孤儿，很贫穷。他作为别人家的苦工，负责放牧猪羊（牲畜），其地点离学堂很近。王育时常都有空闲的时间，他就收集柴草（卖掉），请书生帮他抄书。后来王育截断水杨树枝条当笔来学习，从早到晚都不停止。这之后，王育放牧时把牲畜弄丢了，他的雇主鞭打他。王育准备卖身以偿还牲畜的损失，这时郭子敬听闻了这件事，他对王育的行为表示赞赏，因此他代王育偿还了牲畜的损失，并且供给王育衣服和食物，让王育与他的子女一起上学。于是王育渐渐能够博通经史，后来在伪汉做官，直到太傅的职位。

本文讲述了王育出身贫苦但好学成才的故事。王育家贫无力上学，只好偷偷自学，这与前文的王冕很相似。他弄丢了雇主的牲畜并不逃避，决定卖身赔偿，显示了勇于担当的气魄，幸运的是郭子敬被他好学和敢于担当的精神所感动，不仅替他还债，还给他提供了读书的机会，使他最终成为大儒。因为当时中国处在五代十国的时期，中原有十国并存，北宋当时还是后周，宋史以周为正统，因此汉被称为伪汉，这并不是说王育人品不好。而太傅是一个文臣所能得到的最高荣誉，能做太傅的人往往意味着他的学问是国家最高的。

思考寄语

中国在历史上从不缺乏自学成才的典型，中国的教育制度给所有的人改变命运的希望，正是由于这种制度，中国人养成了勤奋好学的传统。知识改变命运在中国从来不是一句口号。宋太宗贵为天子，也每天读书三卷。只要我们坚持学习，也能成为有用的人才。

10 忠雅堂集

诵读主体

铨九龄，母授以《礼记》《周易》《毛诗》，皆成诵。暇更录唐宋人诗，教之为吟哦声。母与铨皆弱而多病，铨每病，母即抱铨行一室中，未尝寝；少痊，辄指壁间诗歌，教儿低吟之以为戏。……先府君苟有过，母必正色婉言规。或怒不听，则屏息，俟怒少解，复力争之，听而后止。……先府君在客邸，督铨学甚急，稍怠，即怒而弃之，数日不及一言；吾母垂涕扑之，令跪读至熟乃已，未尝倦也。铨故不能荒于嬉，而母教由是益以严。

知人论世

蒋士铨（1725—1785） 字心馀、苕生、蕖生，号藏园，又号清容居士。铅山（今属江西）人。乾隆二十二年（1757）进士，官翰林院编修。蒋士铨是乾、嘉时期一个有影响的诗人，与袁枚、赵翼并称“江右三大家”。著作有《忠雅堂集》43卷，包括文集12卷、诗集27卷及补遗2卷，《铜弦词》2卷，还附有南北曲。

阅读鉴赏

我九岁时，母亲教我学《礼记》《周易》《毛诗》，都能够背诵。空闲的时候，她就抄录唐宋人的诗，教我朗诵。母亲和我都体弱多病。我每次生病，母亲就把我抱到一间房子里来回走，自己不睡觉。等我的病情稍有好转，她就指着墙壁上的诗歌，教我低声吟诵，以此为乐。父亲如果做错了事情，母亲一定严肃地用委婉的话规劝他。有时父亲发怒不听她的，她就屏住气不说了，等父亲怒气稍微缓解，又反复劝说，直到听了她的话才停止。父亲在外地的寓所，督促我读书时脾气急躁，我稍有点懈怠，他就发怒，把我丢在一旁，几天都不和我说一句话；母亲就流着眼泪打我，叫我跪在地上，把书读熟才罢休，从来不觉得自己疲累。我因而不会在嬉戏中荒废学业，母亲对我的教育也因此而更加严格。

思考寄语

俗话说“严师出高徒”，蒋士铨的母亲既是一位慈母，又是一位严师。母亲以身作则教子，且方法方式能让孩子接受，这是今天做父母的人要学习的一部分。蒋士铨的母亲与中职语文第二册中胡适的《我的母亲》非常相似。蒋士铨能中进士入翰林，他自己也总结说是因为“不能荒于嬉，而母教由是益以严”。我们应从文中学会做人的道理：孝敬父母，不辜负父母的殷切希望。另外，我们不久也将成为父母，对如何教育自己的孩子，我们也可以引以为鉴。父母是孩子的第一任老师，我们应当以身作则，养成严于律己的习惯。

11 留侯世家

诵读主体

良尝闲从容步游下邳圯上，有一老父，衣褐，至良所，直堕其履圯下，顾谓良曰：“孺子，下取履！”良鄂然，欲殴之。为其老，强忍，下取履。父曰：“履我！”良业为取履，因长跪履之。父以足受，笑而去。良殊大惊，随目之。父去里所，复还，曰：“孺子可教矣。后五日平明，与我会此。”良因怪之，跪曰：“诺。”

五日平明，良往。父已先在，怒曰："与老人期，后，何也？"去，曰："后五日早会。"五日鸡鸣，良往。父又先在，复怒曰："后，何也？"去，曰："后五日复早来。"五日，良夜未半往。有顷，父亦来，喜曰："当如是。"出一编书，曰："读此则为王者师矣。后十年兴，十三年孺子见我济北，穀城山下黄石即我矣。"遂去，无他言，不复见。旦日视其书，乃《太公兵法》也。良因异之，常习诵读之。

知人论世

司马迁（前公元145或公元前135—？），夏阳（在今陕西韩城西南）人。出身史学世家，父亲司马谈官至太史令。司马迁10岁时随父到长安，先后求学于董仲舒和孔安国门下。20十岁开始游历名山大川，每到一处均考察风俗，采集史迹传说。继承父亲太史令的职位后，司马迁得以饱览朝廷藏书，又随汉武帝到各地巡游，增长了见识；他同时开始着手整理史料，以完成父亲写一部"名主贤君、忠臣死义之事"的通史的遗愿。汉武帝天汉二年（公元前99），李陵出征匈奴时因友军接应不力身陷重围，在矢尽粮绝的情况下投降匈奴，司马迁因上疏为李陵辩护触怒武帝，被处以宫刑。受此大辱，司马迁愤不欲生，但为了实现自己的理想，决心"隐忍苟活"。出狱后任中书令，继续发愤著书，完成了被鲁迅先生誉为"史家之绝唱，无韵之离骚"的名著《史记》。

《史记》全书包括十二本纪（记历代帝王政绩）、三十世家（记诸侯国和汉代诸侯、勋贵兴亡）、七十列传（记重要人物的言行事迹，主要叙人臣，其中最后一篇为自序）、十表（大事年表）、八书（记各种典章制度，记礼、乐、音律、历法、天文、封禅、水利、财用）。《史记》共130篇，五十二万六千五百余字，比《淮南子》多三十九万五千余字，比《吕氏春秋》多二十八万八千余字。《史记》规模巨大，体系完备，而且对此后的纪传体史书影响很深，历朝正史皆采用这种体裁撰写。

阅读鉴赏

张良闲暇时徜徉于下邳桥上，有一个老人，穿着粗布衣裳，走到张良跟前，故意把他的鞋甩到桥下，看着张良对他说："小子，下去把鞋捡上来！"张良有些惊讶，想打他，因为见他年老，勉强地忍了下来，下去捡来了鞋。老人说："给我把鞋穿上！"张良既然已经替他把鞋捡了上来，就跪着替他穿上。老人把脚伸出来穿上鞋，笑着离去了。张良十分惊讶，随着老人的身影注视着他。老人离开了约有一里路，又返回来，说："你这个孩子可以教导教导。五天以后天刚亮时，跟我在这里相会。"张良觉得这件事很奇怪，跪下来说："好。"五天后的拂晓，张良去到那里。老人已先在那里，生气地说："跟老年人约会，反而后到，为什么呢？"老人离去，并说："五天以后早早来会面。"五天后鸡一叫，张良就去了。老人又先在那里，又生气地说："又来晚了，这是为什么？"老人离开说："五天后再早点儿来。"五天后，张良不到半夜就去了。过了一会儿，老人也来了，高兴地说："应当像这样才好。"老人拿出一部书，说："读了这部书就可以做帝王的老师了。十年以后就会发迹。十三年后小伙子你到济北见我，穀城山下的黄石就是我。"说完便走了，没有别的话留下，从此也没有再见到这位老人。天明时张良一看老人送的书，原来是《太公兵法》。张良因而觉得这部书非同寻常，经常学习、诵读它。

《留侯世家》是西汉史学家司马迁创作的一篇文言文，收录于《史记》中。这是一篇关于张良的传记。文中围绕张良一生的经历，描述了他在复杂的政治斗争和尖锐的军事斗争中的超群才干，以及他在功成名就之后不争权求利的出世思想和行为，生动地刻画了张良的为人及其性格特征，使这一历史人物活生生地展现在我们面前。

文章生动刻画了黄石老人三次对张良的考验：让张良替他捡鞋、穿鞋，考验张良是否敬老；故意假装离开，考验张良的耐心；两次斥责张良来得太晚：考察张良的恒心和吃苦精神。故事一波三折，通过简洁的动作和语言描写，刻画了黄石老人的神秘与谨慎和张良谦虚与好学的形象。

思考寄语

孟子说："故天将降大任于是人也，必先苦其心志，劳其筋骨，饿其体肤，空乏其身。"黄石老人先考察张良是否品德好，再考察张良是否有恒心和吃苦精神，这才选择了张良进行传授。这个故事给我们启示：先有德再有才，努力提高个人修养，机遇自然会随之而来。即将进入职场的我们该扪心自问：有没有注重自己的品行修养？有没有培养我们吃苦耐劳的精神？一个人的品行看起来与职业没有什么关系，但品行不好的人，能力越强，对社会的危害越大；德才兼备，德是排在才之前的。

12 拒绝是最好的尊重

诵读主体

在战国时期，苏秦和张仪都是鬼谷子的学生，他们选择的专业都不是热门的儒家、法家等专业，而是一门比较偏僻的专业——纵横学。因为他们明白，在战乱年代，纵横学才是最适用也是最好就业的一门专业。

苏秦很快就学成出师了，在经过几年的努力后，苏秦以一己之力促成了六国合纵。到达了职业巅峰的苏秦配六国相印，叱咤风云，而纵横学也成了当时的热门专业。就在苏秦到达职业巅峰的时候，张仪也从鬼谷子那里毕业了。刚刚毕业的张仪开始找工作，由于经验不足，找了很久依然没有找到一份适合的工作，毕竟谁也不放心把一个国家的未来交给一个初出茅庐的年轻人。张仪很自然地就想到了已经名满天下的师兄苏秦。

张仪很快就来投靠苏秦，他想苏秦肯定会看在师傅鬼谷子的面上给自己安排一份相当不错的工作。可让张仪没有想到的是，苏秦却对自己很是冷淡，不要说是安排工作，就连面都没有见到。苏秦只是让管家把张仪和下人安排在一起。

张仪刚开始的时候想，也许苏秦是有别的用意，也许是在考验自己，于是张仪就坚持了下来。可再次让张仪没有想到的是，后来在一次宴席上，张仪第一次见到了苏秦，他却被安排在了最后面，只能远远地看着苏秦。

就在这场宴席进行到一半的时候，一位宾客突然大叫起来，原来他随身佩戴的一块玉突然不见了。这位宾客就坐在张仪的旁边，于是所有人都把目光聚集在了张仪的身上。张仪百口莫辩，而下人并不知道张仪是苏秦的师弟，于是很快张仪就被捆绑起来，被人暴揍一顿。

张仪躺在柴房中养伤的时候，苏秦派人传话道：像张仪这样有才华的人，却沦落到要靠朋友来举荐才能有一份工作，那么他宁肯不去举荐他，并且他也不会再收留张仪了。张仪对此很是愤怒，没有想到苏秦对自己是如此的无情。

张仪发誓一定要让苏秦对此付出代价，于是在苏秦一个门人的帮助下来到了秦国。

由于当时六国的合纵让秦国很是忌惮，而张仪的到来则让秦惠文君很是高兴，尤其张仪破解六国合纵的连横大计更是让秦惠文君喜出望外，张仪很快就得到了秦惠文君的重用。果然在秦惠文君和张仪的努力下，十几年后，苏秦苦心经营的六国合纵都被秦国瓦解了。

这时候的张仪很是得意，他终于报了多年以前的仇。然而让张仪没有想到的是，陪同他一起来的苏秦门人告诉他，这一切都是苏秦有意而为之——苏秦知道张仪的才能远在他之上，他不希望张仪在他的庇护下失去展示自己才能的机会，所以苏秦才会在那么多人面前羞辱他，被张仪视为奇耻大辱的那次玉佩失窃之事也是苏秦安排的。苏秦并不是不帮助张仪，而是一直在默默地帮助他，陪同张仪前往秦国的那个门人就是苏秦特意安排的。

张仪这才恍然大悟，原来苏秦的拒绝才是对自己最好的尊重，如果没有苏秦的拒绝，那么自己永远不会有今天的成就。

知人论世

鬼谷子，王氏，名诩，别名禅，战国时期传奇人物。著名谋略家，纵横家的鼻祖，兵法集大成者，诸子百家之纵横家创始人。相传其额前四颗肉痣，成鬼宿之象。精通百家学问，因隐居在云梦山鬼谷，故自称鬼谷先生，常入山静修。他被上天赐予通天彻地的智慧，深谙自然之规律，天道之奥妙，被后世尊为“谋圣”。在文化史上，鬼谷子是与孔子、老子并列的学术大家。他隐于世外，将天下置于棋局，弟子出将入相，左右列国存亡，推动着历史的走向。主要作品有《鬼谷子》《本经阴符七术》等，其著作被后世称为“智慧禁果，旷世奇书”。

阅读鉴赏

战国时代，群雄并起，秉承理想与信仰的旷世奇才鬼谷子王禅踏上了勤王强国之路，与门生孙膑、庞涓、苏秦、张仪、徐福等壮志凌云之士，前赴后继，匡扶正义，拯救天下。战国帷幕就此拉开，豪杰义士，权臣枭雄，浪子红颜；阴谋与爱情，复仇与救赎，权力与自由，黑暗与光明。每一个置身其中的人，都成为天下棋局中激烈搏杀的棋子，而掌控局势的鬼谷子，旋转乾坤，执手黑白，推动棋局，展开巅峰博弈的生死对决。

关于纵横家的代表人物——“一人之言，重于九鼎之宝；三寸之舌，胜过百万雄师”的苏秦和张仪，太史公司马迁就曾在其《史记》中郑重写道：“此二人真乃倾危之士也！”怒而诸侯惧，安居而天下熄。（《孟子·滕文公下》）鬼谷之厉害，由此可见一斑。

苏秦早年投入鬼谷子门下，学习纵横之术。学成游历多年，潦倒而归。随后，刻苦攻读《阴符》，游说列国，得到燕文公赏识，出使赵国，提出“合纵六国以抗秦”的战略思想，并最终组建合纵联盟，任“从约长”，兼佩六国相印，使秦国十五年不敢出兵函谷关。联盟解散后，齐国攻打燕国，苏秦说服齐国归还燕国城池。后自燕至齐，从事反间活动，被齐国任为客卿，齐国众大夫因争宠派人刺杀苏秦，苏秦死前献策诛杀了刺客。

张仪早年入鬼谷子门下，学习纵横之术。出山之后，首创“连横”的外交策略，游说六国入秦。后得到秦惠文王赏识，封为相国，奉命出使游说各国，以“横”破“纵”，促使各国亲善秦国，受封为武信君。

公元前311年，秦惠文王死后，秦武王继位。张仪失去宠信，出逃魏国，担任相国。公元前309年，张仪去世。

苏秦、张仪互评：“张仪，天下贤士，吾殆弗如也。”“此在吾术中而不悟，吾不及苏君明矣！”

后人评述：“内不足使一民，外不足使距难，百姓不亲，诸侯不信；然而巧敏佞说，善取宠乎上，是态臣者也……故齐之苏秦，楚之州侯（令尹），秦之张仪，可谓态臣者也。”

思考寄语

文化深处必是谋略，谋略深处就是哲学。建议同学们在即将步入社会、开启就业创业之际，研读《鬼谷子》《孙子兵法》《道德经》《菜根谭》等国学经典，用谋略解决问题，凭智慧纵横天下。